Socialisme et religion au XXe siècle

Judaïsme, christianisme et athéisme dans la philosophie de la religion d'Ernst Bloch

Ouverture philosophique

Collection dirigée par
Jean-Marc Lachaud et Bruno Péquignot

Une collection d'ouvrages qui se propose d'accueillir des travaux originaux sans exclusive d'écoles ou de thématiques.

Il s'agit de favoriser la confrontation de recherches et des réflexions, qu'elles soient le fait de philosophes « professionnels » ou non. On n'y confondra donc pas la philosophie avec une discipline académique ; elle est réputée être le fait de tous ceux qu'habite la passion de penser, qu'ils soient professeurs de philosophie, spécialistes des sciences humaines, sociales ou naturelles, ou… polisseurs de verres de lunettes astronomiques.

Dernières parutions

Daniel WEYL, *Ecriture et représentation*, 2018.
Jean WAHL, *Lettres à Paul Truffau (1907-1960)*, 2018.
Hélène BOUCHILLOUX, *Spinoza. Les deux voies du salut*, 2018.
Stéphane VINOLO, *Penser la foule : Freud, Sartre, Negri, Girard. La transparence est l'obstacle, II*, 2017.
Faustin LEKILI MPUTU, *Principe de charité et irrationalité, Comprendre les actions et les croyances irrationnelles*, 2017.
Alvaro VALLS, *Kierkegaard, préludes brésiliens*, 2017.
Amara SALIFOU, *Domination technologique et perspectives de libération chez Herbert Marcuse*, 2017.
Pierre-André HUGLO, *Essais de réalisme minimal. Relations, formes, singuliers*, 2018.
Miguel ESPINOZA, *La matière éternelle et ses harmonies éphémères*, 2017.
Dalia FARAH, *L'Amour : voie du bonheur chez Jean Guitton*, 2017.
Alessandro CAMPI, *Machiavel et les conjurations politiques. La lutte pour le pouvoir dans l'Italie de la Renaissance*, 2017.
Robert B. CARLISLE, *La couronne offerte, Le saint-simonisme et la doctrine de l'espérance,* Traduit de l'anglais par René Boissel, 2017.
Jean-Pierre Emmanuel JOUARD, *Passion de la pensée, Lecture de Heidegger,* 2017.

Arno Münster

Socialisme et religion au XXe siècle

Judaïsme, christianisme et athéisme dans la philosophie de la religion d'Ernst Bloch

L'Harmattan

Du même auteur

Figures de l'utopie dans la pensée d'Ernst Bloch, Aubier, Paris, 1985.
Ernst Bloch : Messianisme et utopie (Introduction à une « phénoménologie » de la conscience Anticipante), PUF, Paris, 1989.
Nietzsche et le nazisme, Kimé, Paris, 1995.
Progrès et catastrophe. Walter Benjamin et l'histoire.(Réflexions sur l'itinéraire philosophique d'un marxisme «mélancolique »), Kimé, Paris,
Le principe dialogique.(De la pensée monologique auto-réflexive vers la proflexion inter-subjective), Kimé, Paris, 1997.
Le principe « discussion ». Habermas ou le tournant langagier et communicationnel de la Théorie critique, Kimé, Paris, 1998.
Nietzsche et Stirner, suivi de : Nietzsche est-il « immoraliste », Kimé, Paris, 1999.
L'utopie concrète d'Ernst Bloch. Une biographie, Kimé, Paris, 2001(trad. en allemand et et en italien).
Heidegger, la science allemande et le national-socialisme, Kimé, 2002, Paris.
Sartre et la praxis (Ontologie de la liberté et praxis dans la pensée de Jean-Paul Sartre), L'Harmattan, Paris, 2005.
Sartre et la morale, L'Harmattan, Paris, 2007.
Sartre, le philosophe, l'intellectuel et la politique(avec J.William Wallet),Actes du Colloque d'Amiens (2005), l'Hamattan, Paris, 2005.
Hannah Arendt contre Marx ? (Réflexions sur une anthropologie philosophique du « politique »), Hermann, Paris, 2008.
Adorno, Une introduction (Il n'y a pas de vraie vie dans la vie fausse), Hermann, Paris, 2009.
Réflexions sur la crise, L'Harmattan, Paris, 2009.
André Gorz ou le Socialisme difficile, Lignes, Paris 2008 (trad. en allemand, Zurich, 2011).
Pour un socialisme vert. Vers la société écologique par la justice sociale. (Contribution à la critique de l'écologie politique), Lignes, 2012.
Utopie, écologie, écosocialisme.(De l'utopie concrète d'Ernst Bloch à l'écologie socialiste), L'Harmattan, coll. Questions contemporaines, Paris, 2013.
Albert Camus : La révolte - contre la Révolution ?, L'Harmattan, coll. Ouverture philosophique, Paris, 2014.
Espérance, rêve, utopie dans la pensée d'Ernst Bloch (Six conférences), L'Harmattan, coll. Ouverture philosophique, Paris, 2015.
Jean Jaurès :un combat pour la Laïcité, la République, la justice sociale et la paix, L'Harmattan, coll. Questions contemporaines, Paris, 2015.
La réprobation de l'Allemagne ou les vraies raisons du nouveau ressentiment anti-allemand. Quel avenir pour l'Europe ?,L'Harmattan, coll. Questionner l'Europe, Paris, 2016.
Le changement climatique va-t-il tout changer ? Quelle utopie concrète pour demain ?, l'Hamattan,coll. Questions contemporaines, Paris, 2017.
André Tosel, penseur de l'Emancipation (un hommage), Lignes, Fécamp, 2018.

5-7, rue de l'École-Polytechnique, 75005 Paris
http://www.editions-harmattan.fr
ISBN : 978-2-343-14739-0
EAN : 9782343147390

Mes remerciements à Camille

[En exergue]

“N’avez-vous pas entendu parler de cet homme insensé qui, ayant allumé une lanterne en plein midi, courait sur la place du marché et criait sans cesse: “Je cherche Dieu !“ „Je cherche Dieu!“- Et comme là-bas se trouvaient précisément rassemblés beaucoup de ceux qui ne croyaient pas en Dieu, il suscita une grande hilarité. L’a-t-on perdu ? dit l’un. S’est-il égaré comme un enfant ? dit un autre. Ou bien se cache-t-il quelque part ? A-t-il peur de nous ? S’est-il embarqué ? A-t-il émigré ? – ainsi ils criaient et riaient tous à la fois. L’insensé se précipita au milieu d’eux et les perça de ses regards. “Où est Dieu ? cria-t-il, je vais vous le dire. *Nous l’avons tué* – vous et moi ! Nous tous sommes ses meurtriers ! Mais comment avons-nous fait cela ? Comment avons-nous pu vider la mer ? Qui nous a donné l’éponge pour effacer l’horizon tout entier ? Qu’avons-nous fait à désenchaîner cette terre de son soleil ? Vers où roule-t-elle à présent ? Vers qui nous porte son mouvement ? Loin de tous les soleils ? Ne sommes-nous pas précipités dans une chute continue ? Et cela en arrière, de côté, en avant, vers tous les côtés ? Est-il encore un haut et un bas ? N’errons-nous pas comme à travers un néant infini ? Ne sentons-nous pas le souffle du vide ? Ne fait-il pas plus froid? Ne fait-il pas nuit sans cesse et de plus en plus nuit ? Ne faut-il pas allumer les lanternes dès le matin ? N’entendons-nous rien encore du bruit des fossoyeurs qui ont enseveli Dieu? Ne sentons-nous rien encore de la putréfaction divine?- les dieux aussi se putréfient ! Dieu est mort !Dieu reste mort! Et c’est nous qui l’avons tué! C Comment nous consoler, nous, les meurtriers des meurtriers?“(... ...) (**Friedrich Nietzsche**, *Le Gai savoir, „La gaya scienza“, aphorisme 125, traduit de l’allemand par Pierre Klossowski, édition corrigée et augmentée par Marc B. de Launay, Gallimard, Paris,1982, p. 149-150.*)

I. INTRODUCTION

De tous les temps et depuis l'organisation de la vie humaine sous la forme de sociétés, fonctionnant selon des structures hiérarchiques du travail et de la vie, d'après les normes imposées par la civilisation, la religion ou bien les religions occupent apparemment une place privilégiée dans la superstructure de nos sociétés. Elles sont, d'après la célèbre formule créée par le sociologue Emile DURKHEIM, « un système solidaire de croyances et de pratiques relatives à des choses sacrées, c'est-à-dire séparées, interdites, croyances et pratiques qui unissent dans une même communauté morale, appelée Église, tous ceux qui y adhèrent. C'est un système plus ou moins complexe de mythes, de dogmes, de rites, de cérémonies[1].» C'est un système où les croyances respectives s'incarnent en général sous la forme de l'Église qui, elle, est définie comme « une société dont les membres sont unis parce qu'ils se représentent de la même manière le monde sacré et ses rapports avec le monde profane, et parce qu'ils traduisent cette représentation commune dans des pratiques identiques[2]. » Il s'agit donc d'une chose éminemment *collective*, même si le sentiment religieux est aussi un phénomène *individuel,* tout simplement parce que « chaque corps humain abrite un être intérieur, un principe de la vie qui l'anime : c'est l'âme[3]. »

« Pas de religion sans Église! » Derrière ce mot d'ordre, proclamé solennellement par Durkheim, ne se cache rien d'autre que le fait que « tantôt l'Église est étroitement *nationale,* tantôt elle s'étend *par-delà les*

[1] Emile Durkheim, *Les formes élémentaires de la vie religieuse*, PUF, « Quadrige », Paris, 1985, p. 49.
[2] *Op.cit.*, p. 60.
[3] *Op.cit.,* p. 344.

frontières; tantôt elle comprend un *peuple* tout entier (Rome, Athènes, le peuple hébreu), tantôt elle ne comprend qu'une fraction (...) ; tantôt elle est dirigée par un corps de *prêtres*, tantôt elle est à peu près complètement dénuée de tout organe directeur attitré.(...) Mais partout elle a pour substrat un groupe défini[4]. » Ce qui caractérise les Églises, c'est que les cultes sont toujours célébrés par une collectivité.

L'origine des croyances est multiple: la magie, l'animisme (réduisant la religion à un système d'hallucinations), la référence à un surnaturel, à une chose sacrée, à un Dieu ou un être spirituel.

Dans *L'Avenir d'une illusion*, Sigmund Freud tient à souligner que la religion a certes rendu de grands services à la civilisation, en domptant les instincts asociaux. Le contenu effectif de la croyance en Dieu serait donc la *moralisation des hommes.* Mais celle-ci ne serait qu' « illusion ». « Cette illusion, d'abord nécessaire, devrait perdre sa raison d'être, une fois sa mission historique accomplie : la moralisation de l'humanité. Pour Freud, les prescriptions morales sont désormais susceptibles d'être enseignées et comprises pour ce qu'elles sont, des prescriptions de nature sociale et culturelle utiles à la vie en commun. Une humanité mature ne devrait plus avoir besoin de *l'illusion religieuse* pour être à la hauteur de ses devoirs moraux[5] ». La déconstruction de cette *illusion* est pour une grande partie l'œuvre des penseurs des Lumières qui nous ont alertés, dans une perspective rationnelle, que « la moralité véritable ne peut consister en une simple obéissance à la loi, fût-elle divine » et qui insistaient sur la fait que « la loi morale est contenue dans

---

[4] *Op.cit.*, p. 61.

[5] Cf. *Le Petit Larousse de la Philosophie* (sous la direction de Hervé Boillot), Paris, 2007, p. 485.

la *raison*, en *l'homme* et non en *Dieu*[6] ». Cette déconstruction fut approfondie, au XIXe siècle, dans une perspective *matérialiste*, par Feuerbach et par Marx.

En s'installant dans la perspective des Lumières (Kant), de la sécularisation et de la laïcisation de nos sociétés modernes, Jürgen Habermas, soulignant que « la science moderne a bien brisé la synthèse de la raison et de la foi qui avait été produite d'Augustin à Thomas (d'Aquin) » et s'interrogeant en même temps sur la question de savoir quelles devraient être les tâches nouvelles de la pensée sécularisée, face à la résurgence de la religion, estime que « du côté de la religion on doit reconnaître l'autorité de la raison « naturelle » (…) et, dans les domaines du droit et de la morale, les principes d'un égalitarisme universaliste ; et inversement, la raison séculière ne peut s'ériger en juge des vérités de la foi, quand bien même (…) elle n'acceptera comme raisonnable que ce qu'elle peut traduire dans ses propres discours[7] ». Dès que la raison séculière prend au sérieux l'origine commune de la philosophie et de la religion, la perception de la religion par la pensée *post-métaphysique* (que défend Habermas) devrait changer, ce qui devrait automatiquement conduire à « la naissance d'une conscience nouvelle de la contingence historique et de la responsabilité du sujet agissant[8] ». D'où la nécessité, pour la *raison moderne,* de « clarifier sa position par rapport à la conscience religieuse contemporaine, devenue conscience réfléchie ». C'est la raison pour laquelle, Habermas tout en ayant une confiance inébranlable dans la *raison pratique* (héritée de Kant), tout en exprimant sa préoccupation face à

---

[6] *Op.cit.*, p. 486.

[7] Jürgen Habermas, *Entre naturalisme et religion (Les défis de la démocratie)*, trad. C. Bouchindhomme et A. Dupeyrix, Gallimard, Paris, 2008, p. 142.

[8] *Op.cit.*, p. 143-144.

« l'inattendu renouveau spirituel » et au rôle politique préoccupant joué par les communautés religieuses (Islam, christianisme, nationalisme hindou, etc.), tient en même temps à souligner que « la raison pratique manque sa propre destination (...), si elle n'a plus la force d'éveiller et d'entretenir une conscience de ce qui manque, de ce qui scandalise[9] ». Étant convaincu que le nouveau *fondamentalisme* chrétien et notamment celui des sectes protestantes *évangéliques,* « heurte de fond les convictions de la modernité », Habermas met en garde que, d'un côte, l'État laïc constitutionnel doit non seulement agir de manière neutre par rapport aux visions du monde [religieuses], mais il doit également reposer sur « des fondements normatifs justifiés au moyen de raisons elles aussi neutres par rapport aux visions du monde [10] » ; mais, en échange, « la religion doit (...) accepter la perspective (...) de reconnaître à partir de raisons qui lui sont propres la neutralité de l'État par rapport aux visions du monde, les mêmes libertés pour toutes les communautés religieuses et l'indépendance des sciences[11] ». C'est précisément dans cette double perspective de la tolérance réciproque de visions du monde antagoniques (laïques et religieuses) que Habermas critique aussi l'attitude bien trop conservatrice du pape Benoît XVI qui, contestant la polarisation historique, dans la modernité, entre *Foi* et *Savoir*, « s'arcboute et résiste à la force des arguments qui établissent la fracture de cette synthèse entre les deux visions du monde[12] », en défendant, simultanément avec la *raison pratique* kantienne, le principe, le concept d'*autonomie,*

---

[9] *Op.cit.,* p. 146.
[10] *Op.cit.*, p. 148.
[11] *Op.cit.*, p. 149.
[12] *Op.cit.*, p. 151.

sans lequel, affirme-t-il, « notre compréhension moderne du droit et de la démocratie n'aurait pas été possible[13] ».

En ce qui concerne le christianisme, il est apparemment né, à l'époque de l'Empereur romain Auguste, à partir d'une *secte juive* vénérant comme Dieu un « messie »-guérisseur du nom de *Joshua de Nazareth* appelé « Jésus » qui, pour non-respect de certaines lois du judaïsme, avait été condamné par le Sanhédrin comme « blasphémateur », livré aux Romains et crucifié à Jérusalem, très probablement, en l'an 6 a.J.C. Très persécuté à ses débuts, notamment par l'empereur romain Dioclétien, le christianisme a eu le plus grand mal à s'imposer, mais le martyr subi par un grand nombre des disciples de Jésus favorisa à long terme son ascension et son extension via la Grèce à Rome et à Byzance, pour devenir finalement hégémonique au cours du IVe siècle a.J.C. Les premiers chrétiens, très soudés par leur foi et leur croyance religieuse dans la Résurrection du Christ, vivaient dans la communauté des biens et pratiquaient une sorte de « communisme primitif ». Mais après avoir vaincu leurs adversaires et gagné la « bataille idéologique », notamment contre le *paganisme* et les *épicuriens* romains, l'Église chrétienne s'est assez rapidement transformée pour sa part en une force *hégémonique de domination* exerçant contre les non-croyants, les athées ou les épicuriens (refusant de se convertir au christianisme) la même intolérance et violence qu'ils avaient subies eux-mêmes, pendant trois siècles, de la part des empereurs romains. La meilleure illustration de cela est en effet le martyr atroce subi en 415 a.J.C. par la philosophe et savante *Hypatie* (370-415), à Alexandrie (en Égypte), qui enseignant une pensée rationnelle « ne reconnaissant pas d'autre autorité intellec-

---

[13] Ibid., p. 151.

tuelle que celle de la raison »[14] culminant dans le postulat que l'homme doit vivre en harmonie avec la nature, fut enlevée dans la rue, sur ordre du patriarche Cyrille, par une horde de fanatiques chrétiens se disant « soldats du Christ », qui « l'ayant tirée de sa chaise, la menèrent à l'église nommée Caesaréon, la dépouillèrent et la tuèrent à coups de pots cassés. Après cela ils hachèrent son corps en pièces et les brûlèrent dans un lieu appelé Cinaron[15] ». C'était en effet le début de persécutions cruelles déclenchées par une intolérance que les premiers chrétiens avaient subies eux-mêmes, pendant plusieurs siècles. Comme le note très justement *Henri Pena-Ruiz,* « l'histoire ne nous a que trop montré que les persécutés peuvent devenir les persécuteurs, par un étrange oubli des souffrances endurées. Lamennais rappelle aux chrétiens devenus persécuteurs l'époque des catacombes où ils étaient tourmentés par les païëns. Cela ne les a pas empêchés de pourchasser les païens dès que Théodose leur en a donné le pouvoir. En Espagne, musulmans et Juifs furent persécutés par Isabelle la Catholique. Quant aux protestants, eux aussi traqués par les catholiques, un de leurs chefs, Calvin, régnant à Genève, y fit brûler vif Michel Servet pour cause d'hérésie[16]. L'Inquisition, en tant qu' « institution d'investigation et de contrôle, assortie de pouvoirs répressifs aussi amples que la puissance publique »[17], commença avec le *deuxième Concile de Latran*, en 1139, définissant le « crime d'hérésie et lançant l'anathème contre les ennemis réels ou supposés de la religion catholique »; officiellement, elle

---

[14] Henri Pena Ruiz, *Dictionnaire amoureux de la laïcité,* Plon, Paris, 2014, p. 480.

[15] Socrate le Scolastique, *Histoire ecclésiastique,* livre VII, chapitre 15 ; cité d'après Henri Pena-Ruiz, *Dictionnaire amoureux de la laïcité*, Plon, Paris, 2014, p. 480.

[16] H. Pena-Ruiz, in *Op.cit.*, p. 509.

[17] *Op.cit.*, p. 498.

fut instituée et dotée de pouvoirs spéciaux par le pape *Grégoire IX,* en 1231. Créée officiellement, pour lutter contre les *Cathares* et les *Vaudois,* elle a ensuite été étendue à tout ce qui semblait contrevenir aux normes religieuses[18]. Elle a, comme le note Victor Hugo, « brûlé sur le bûcher ou étouffé dans les cachots cinq millions hommes[19] ». Parmi eux – pour ne citer que le plus célèbre de ses victimes – figurait le philosophe italien *Giordano Bruno*, brûlé vif, sur ordre du « Saint Office », en l'an 1600, pour « hérésie » au « Campo dei Fiori », à Rome. Il avait contesté, entre autres, la conception aristotélicienne d'un monde clos, en lui substituant celle d'un univers infini. On pourrait citer aussi, à ce propos, le supplice atroce infligé au XVIe siècle, par l'archevêque d'Amiens à l'égard du *Chevalier de la Barre* qui, réputé être « libre penseur » et « bon vivant », a été accusé d'avoir jeté par terre un crucifix, en traversant un pont, puis brûlé vif, sur le bûcher, après avoir subi d'atroces tortures (on lui avait arraché la langue avec des tenailles de fer), sur la place publique, à *Abbeville* (dans la Somme), le 5 juin 1766. (Voltaire et Victor Hugo n'ont cessé de dénoncer l'infamie de cette forme spécifiquement cruelle d'intolérance religieuse*)*. Supprimée en 1820, l'Inquisition a été remplacée par la « Congrégation pour la Préservation de la Foi », l'instance officielle du Vatican destinée à surveiller désormais– par d'autres moyens plus « civilisés » – les pratiques de la religion catholique, dans le monde entier. *L'interdiction d'enseignement* (comme par exemple celle, prononcée à l'égard du théologien catholique de Tübingen Küng, qui avait osé contester le dogme officiel de *l'infaillibilité du Pape*) et *l'excommunication* devenaient désormais les mesures répressives les plus souvent utilisées par L'Église catholique et le Vatican pour faire taire

---

[18] *Op.cit.*, p.499.
[19] *Op.cit* . p. 500.

tous ceux qui, au sein même de l'Église, s'opposaient au conservatisme rigide et inflexible de la curie romaine et des évêques, tout en prônant l'ouverture vers le monde social et politique, comme par exemple les représentants de la *théologie de la libération,* en Amérique Latine (Gutierrez, Dussel, Ernesto Cardinal, Leonardo Boff...) qui tentaient de réconcilier la foi dans le Christ rédempteur et son message d'amour du prochain avec la critique de l'économie politique de Karl Marx.

Le martyr de *Giordano Bruno* (1548-1600) et celui de centaines d'autres « penseurs libres » persécutés et exécutés, au 14e, 15e, 16e et 17e siècle, est assez significatif des fortes tensions qui opposaient, depuis l'ère de la Renaissance et celle des *Lumières,* les représentants intellectuels d'une pensée critique, libre et « hérétique » au dogmatisme stérile et intolérant de l'Église et à son appareil de contrôle et de répression épouvantable des idées modernes (contestataires) qui continuaient pourtant à circuler dans tous les pays européens où, suite au mercantilisme, aux inventions techniques et à l'ascension lente, progressive et inéluctable de la bourgeoisie des grandes villes au pouvoir, la *pensée rationaliste* – a priori hostile au dogmatisme théologique – continuait à se frayer son chemin, malgré tous les obstacles et mesures répressives prises par l'Église, la royauté et les monarchies absolutistes pour l'étouffer et empêcher sa propagation.

Dans le travail de construction de ce barrage d'un rationalisme humaniste et critique contre *l'intolérance religieuse* et toutes ses dérives, le nom de SPINOZA (1632-1677) occupe bien entendu une place privilégiée, vu que sa manière d'insister sur la séparation de l'ordre temporel et de l'ordre spirituel, donc de l'Église et de l'État, sur la nécessité d'une lecture *autre* (critique) de la Bible ainsi que sa dénonciation de l'oppression des théologiens sur la liberté de penser et de philosopher et de toutes les formes de la tyrannie, dans le *Traité de Théologie Politique* (TTP) ainsi que son plaidoyer contre la superstition, pour la raison et pour la démocratie, font de lui, incontestablement, le grand précurseur du combat séculaire des *Lumières* pour *l'émancipation* et la *libération* de l'humanité de la *servitude*[20]. Or, pour le punir de ce défi lancé contre toutes les orthodoxies religieuses, y compris celle du judaïsme, il fut excommunié, en 1656, par la rabbin Morteira d'Amsterdam qui prononça non seulement contre lui le « herem » mais exigea aussi son éloignement, c'est-à-dire son expulsion de la ville d'Amsterdam. Mais cette expulsion et cet isolement n'ont pu empêcher le rayonnement de l'auteur de l'*Éthique* et du *Traité de Théologie Politique* au cours des siècles suivants.

André Tosel a bien mis en évidence qu'en un sens Spinoza a bien été « l'ancêtre des *matérialismes* des 18e, 19e et 20e siècles, à condition qu'on admette qu'il avait plutôt inauguré, avec ses critiques du dogmatisme religieux, un matérialisme inédit où l'affirmation de la puissance d'agir et l'affirmation de la puissance de penser sont données en simultanéité[21] ». Il aurait ainsi esquissé un *matérialisme éthico-politique* pour lequel « l'homme spinoziste, agissant par les lois de sa nature, sous la conduite de la raison, est conçu non pas comme un individu socialement isolé mais comme un être nouant nécessairement un rapport de coopération et de participation avec un corps social commun, en vue de vouloir le bien commun[22] ».

Pendant tout le XVIIIe siècle et bien au-delà, la question de la religion était toujours quasi omniprésente

---

[20] Cf. André Tosel, *Spinoza ou le crépuscule de la servitude,* Aubier, Paris, 1984.

[21] André Tosel, *op.cit.* p. 144.

[22] *Op. cit.*,p. 147.

dans la bataille des idées et la pensée philosophique. Le cas du positionnement de KANT en tant que grand représentant du rationalisme des Lumières, en Allemagne, comme auteur des trois *Critiques* et fondateur de la « révolution copernicienne », dans la pensée moderne, en est la meilleure attestation. Dans son souci de définir la religion désormais dans les « limites de la simple raison », le philosophe de Königsberg n'a pas hésité à critiquer le christianisme, son orthodoxie et sa hiérarchie, « opprimant le peuple, sous les lourdes chaînes d'une superstition aveugle » et les « méfaits de la religion » en général, sans pour autant mettre en cause l'existence de Dieu en tant que législateur moral et la foi religieuse des croyants. (Il avait lui-même reçu, jeune, à Königsberg, en Prusse orientale, une éducation chrétienne luthérienne piétiste). Ainsi, citant Lucrèce, il estime que « cette histoire du christianisme (...) pourrait bien justifier l'exclamation : *Tantum religio potuit suadare malorum* [Tant la religion a pu inspirer des maux]; et comme Spinoza, il réserve ses flèches au clergé d'une Église exerçant une autorité despotique : quand les statuts de la foi font partie de la loi constitutionnelle, le clergé règne et pense bien pouvoir se passer de la raison, seul conservateur et exégète autorisé de la volonté de l'invisible législateur, il a autorité pour administrer exclusivement ce que prescrit la foi et que, par suite, pourvu de cette puissance, il a non à convaincre, mais seulement à ordonner – or, comme en dehors de ce clergé, tout le reste est laïque (...), l'Église gouverne finalement l'État, non pas précisément par la force, mais par son influence sur les âmes; mais alors insensiblement, l'habitude d'hypocrisie sape la droiture et la fidélité des sujets, les dresse même à la simulation dans les devoirs civils et produit, comme tous les principes erronés qu'on adopte, précisément le contraire de ce qu'on avait en vue[23] ». Cette critique de

23 Emmanuel Kant, *La religion dans les limites de la simple raison,*

l'Église, de ses institutions et du clergé valut à Kant une énergique mise en demeure de la part du roi *Frédéric Guillaume II de Prusse* qui avait accédé au trône, en 1786, et sur lequel, contrairement à ce qui se passait chez Frédéric II dit « Le Grand » (qui avait invité Voltaire à la cour de Potsdam, qui avait publié un Edict de Tolérance et qui fut l'incarnation éminente du « roi absolu éclairé »), le *parti religieux conservateur* (protestant) avait exercé une grande influence et qui, dans une Lettre adressée à Kant, en septembre 1793, exhorta, sous la menace de sanctions, le philosophe de Königsberg « à s'abstenir dorénavant de toute déclaration et immixtion dans les affaires religieuses ». Le livre de Kant, *La Religion dans les limites de la simple raison* (1793) fut interdit. Jusqu'à sa mort en 1804, Kant dut se taire sur les questions religieuses.

Il ne faudrait cependant pas confondre anti-cléricalisme, athéisme et agnosticisme. Ni Voltaire, ni Rousseau ni Kant ni Victor Hugo n'étaient athées. Tout en étant opposés et hostiles au cléricalisme, ils étaient « déistes ». En revanche, le développement de *l'athéisme* est–il étroitement lié à la naissance et à l'émergence des courants les plus radicaux du *matérialisme français,* au XVIIIe siècle et à ses continuateurs, dans la pensée matérialiste et la philosophie sociale au XIXe siècle. Parmi les *Encyclopédistes*, Diderot, D'Holbach, D'Alembert et surtout *Lamettrie* sont incontestablement les philosophes qui, à cause de leur positions matérialistes radicales et leur *athéisme* sont vite devenus la cible des pires polémiques des conservateurs et des obscurantistes de tout bord dont les ouvrages ont été interdits, condamnés et brûlés. (Certains auteurs, comme par exemple Lamettrie, ont même été contraints de s'exiler, en Allemagne; les deux premiers volumes de *l'Encyclopédie* de Diderot ont été

---

tr. fr. J. Gibelin, Vrin, Paris, 1967, p. 236.

interdits par la censure). Dans son livre *Le Rêve d'Alembert* (1769), Diderot renoue en effet avec le monisme matérialiste d'Épicure et de Lucrèce où tout est réduit aux mouvements de la matière et où le dualisme entre âme et corps est supprimé.

Comme le souligne Henri Pena-Ruiz[24], D'Holbach (1723-1789) « fait partie des grands encyclopédistes aux côtés de Diderot et s'illustre par un *athéisme assumé, porteur d'une vision humaniste originale* qui reprend la fameuse affirmation de Protagoras: « L'homme est la mesure de toute chose » (...). La conception matérialiste du monde et les principes d'intelligibilité du réel excluent selon lui toute interprétation arbitraire et chimérique. (...) La vigilance critique et rationnelle de l'athée fait de lui un être sans violence, prêt à jouer le jeu d'une sociabilité tissée avec des êtres aux convictions autres[25] ». Dans son oeuvre majeure, *Système de la Nature* (1760), l'athée est défini comme « un homme qui détruit des chimères nuisibles au genre humain pour ramener les hommes à la nature, à l'expérience, à la raison. C'est un penseur qui, ayant médité la matière, son énergie, ses propriétés et ses façons d'agir, n'a pas besoin, pour expliquer les phénomènes de l'univers et les opérations de la nature, d'imaginer des puissances idéales, des intelligences imaginaires, des êtres de raison[26]...

En revanche, pour La Mettrie (1709-1751), auteur, entre autres, de *L'homme machine* (1748), « être matérialiste c'est croire que les hommes sont des machines, et qu'à cet égard ils ne sont ni plus ni moins responsables de

---

[24] H. Pena Ruiz, *Dictionnaire amoureux de la Laïcité,* Plon, Paris, p. 293

[25] H. Pena-Ruiz, *Op. cit.*

[26] D'Holbach, *Système de la nature*, livre II, chapitre XI, Paris, Fayard, 1990, 331..

leurs actes qu'une montre ne l'est lorsqu'elle avance ou qu'elle retarde ; le matérialisme peut seul sauver la philosophie de la misanthropie, et fonder un ordre social sur d'autres notions que le mérite et le démérite » (F. Azouvi). Tentant de dépasser la conception cartésienne de la « matière étendue » (res extensa), il finira par la définir par ses facultés de se mouvoir et de sentir, par sa capacité d'auto-organisation. Il esquisse ainsi la doctrine d'un déterminisme matérialiste naturaliste où la notion d'*âme* est substituée par celle de *l'homme-machine* et la *morale* fondée non plus sur une métaphysique du devoir mais sur la *nature.*

Ces vues ont eu une certaine influence sur des penseurs d'un matérialisme encore plus radical et vulgaire, par exemple sur les philosophes matérialistes allemands Ludwig *Büchner* (1824-1899) et *Moleschott,* notamment sur *Büchner* qui dans son livre *Kraft und Stoff* (Force et matière) prône un *monisme matérialiste* se résumant dans la phrase: « La force et la matière sont fondamentalement la même chose, considérée de points de vue différents. » Pour Büchner, la pensée doit être conçue comme « un mode spécifique du mouvement naturel » et non pas comme une « sécrétion du cerveau ».

Indubitablement, tous ces courants d'une pensée matérialiste athée, nés à l'époque des Lumières et celle d'une contestation de plus en plus systématique et violente des dogmes théologiques et métaphysiques de l'Église et de l'Ancien Régime ont eu une influence considérable sur la philosophie sociale des premiers grands penseurs *pré-socialistes et pré-communistes* du XIXe siècle, notamment sur Auguste Blanqui (1805-1881), l'homme des « Sociétés Secrètes » républicaines (composées de révolutionnaires professionnels), chef des « barricades », des conjurations et des insurrections armées contre le régime du « roi-bourgeois » Louis-Philippe et le « Second Empire », qui, unissant dans ses discours la propagation d'un *matérialisme athée* à un *anticléricalisme radical,* n'avait exigé, dans son article-manifeste *Le communisme - avenir de la société*(1848)[27], rien d'autre que « l'expulsion de toute *l'armée noire* (mâle et femelle) », la confiscation et l'étatisation de tous les biens et immeubles de *l'Église* ainsi que la dissolution de toutes les communautés et congrégations religieuses. (Des mesures à prendre, dès la prise de pouvoir (par les armes, par le « peuple ») par le « Comité Central » composé de révolutionnaires professionnels), suite à un mouvement ouvrier insurrectionnel. Ainsi, Blanqui, l'incarnation la plus typique de la figure du « révolutionnaire professionnel », au XIXe siècle, voulait en un sens tout simplement achever le mouvement de *déchristianisation* déjà entamée sous la Révolution Française, par les jacobins les plus radicaux, en chassant – par la violence révolutionnaire – les « ténèbres » et ses représentants (le clergé, les prêtres, les moines et les religieuses) du pays, en prenant le risque de déclencher une guerre civile sanglante à issue incertaine. Si le *courant blanquiste* est bien resté très minoritaire, dans l'histoire sociale et politique de la France du XIXe siècle, même si toutes les tentatives de s'emparer du pouvoir par un « coup de main » des sections républicaines armées, organisées dans les sociétés secrètes blanquistes, ont échoué (Blanqui a fait pour cela 36 ans de prison!), l'anticléricalisme de type *blanquiste* a bien pu maintenir ses positions, au niveau idéologique, encore jusqu'à la fin du XIXe siècle, en jouant aussi un rôle important dans le combat pour la laïcité, l'école laïque gratuite obligatoire et le combat pour la *séparation des Églises et de l'Etat.* Blanqui était lui-

[27] Cf. Auguste Blanqui, *Œuvres choisies*, Ed. Sociales, Paris, 1955, p. 164-165 ; Cf. Louis-Auguste Blanqui, *Ecrits sur la révolution. Oeuvres complètes 1. Textes politiques et lettres de prison*, présenté et annoté par Arno Münster, Galilée, Paris, 1977, p. 29.

même considéré comme « libre penseur », il avait eu lui-même des liens avec le mouvement de la *Libre pensée* qui rassemblait, depuis la seconde moitié du XIXe siècle, sous la bannière de la défense des principes humanistes de libre examen, de tolérance et de la démocratie, des panthéistes, des déistes, des agnostiques et des athées, tout en professant un anticléricalisme radical. Il se distinguait pourtant des autres représentants de la « Libre Pensée », comme par exemple Victor Hugo, par son athéisme et son intolérance antireligieuse extrême. (Or, certains « blanquistes » de la deuxième génération, comme Vaillant, ont aussi dérivé, tout à la fin du XIXe siècle, vers l'antisémitisme, un antisémitisme qui était déjà présent dans certains écrits d'Auguste Blanqui, notamment dans sa *Critique Sociale* (1866-1867).) Si le nom de Blanqui ne figure pas dans le *Dictionnaire amoureux de la Laïcité* et si pratiquement tous les grands représentants du socialisme et du marxisme de la fin du XIXe et du début du XXe siècle l'ont critiqué (Marx, Engels, Rosa Luxembourg, Jaurès...), c'est parce que son *athéisme* et son *anticléricalisme* ont été jugés vraiment trop radicaux, trop sectaires, trop intolérants et donc incompatibles avec la cause de ceux qui défendaient, comme par exemple Jean Jaurès, la laïcité et la loi de la S*éparation de l'Église et de l'État*, dans l'esprit de la démocratie, du républicanisme et de la tolérance. On peut cependant constater une certaine influence exercée par le blanquisme sur Lénine et les bolcheviques (fait critiqué, entre autres, par Rosa Luxemburg), qui, tout en regrettant le manque de lien des groupes de combat de Blanqui avec le monde du travail et les masses, se sont inspirés non seulement de *l'athéisme virulent* de *l'Enfermé*[28] mais aussi et surtout du modèle blanquiste de la prise du pouvoir par l'insurrection armée

---

[28] Cf. Gustave Geffroy, *Blanqui l'Enfermé,* L'Amourier éditions, 2015.

du prolétariat ainsi que par sa conception d'une « dictature d'éducation » et d'un « Comité central révolutionnaire », pour leur propre stratégie de la conquête du pouvoir par un parti « prolétarien » armé, centralisé, composé et dirigé par des militants actifs, considérés comme des « révolutionnaires professionnels ». (A partir de l'année 1880, les idées blanquistes avaient gagné la Russie où un *courant blanquiste russe*, sous certains aspects proche des anarchistes russes, a été créé).

II - SOCIALISME ET RELIGION

En France, la collusion du pouvoir monarchique absolutiste de l'Ancien Régime, pendant des siècles, avec l'Église catholique, sa hiérarchie et ses institutions, la complicité du clergé avec le pouvoir tyrannique « terrestre » de la monarchie avait été telle que suite à la *Révolution Française,* à la chute de la monarchie du droit divin, à la *Déclaration des Droits de l'homme* et l'institution d'une République des citoyens (garantissant, avec sa Constitution, toutes les libertés), le discrédit jeté sur l'Église et ses représentants (qui avaient jusqu'au tout dernier moment appuyé l'Ancien Régime) avait été tel que tout au courant du XIXe siècle les partisans de la laïcité, de l'athéisme et de la libre pensée et du socialisme ont pu tenir en échec toutes les aspirations des religions institutionnalisées (et ici, en premier lieu celles de l'Église catholique) visant à continuer l'exercice de leur pouvoir « spirituel », notamment dans le domaine de l'éducation, où, même après 1789, l'Église avait encore conservé, pendant presque tout un siècle, son privilège et son monopole dans le domaine de l'enseignement primaire. La contestation de ce privilège conduisait logiquement, dans une France où désormais seule une minorité de catholiques conservateurs déterminés s'opposait encore à une majorité de Français baptisés catholiques mais non pratiquants, favorables à la République et à la laïcité, vers la *Loi de la Séparation des Églises et de l'État*, votée en 1905, après un long et passionné débat à l'*Assemblée Nationale*. (Le parti catholique, appuyé par le Vatican, s'y était violemment opposé, jusqu'au dernier moment). C'était pour ainsi dire le point final d'un combat séculaire opposant les forces du progrès, de la raison et de la tolérance aux ténèbres, en instituant définitivement la dépossession des congrégations religieuses de leur mainmise sur l'éducation scolaire et en cessant de rémunérer les ministres du culte, tout en reconnaissant la liberté de conscience de chaque citoyen et de chaque croyant. Avec la disparition de la notion de « religion d'État » et les derniers privilèges de l'Église, la religion était désormais devenue en France une affaire privée. Les grands représentants du *socialisme républicain,* comme par exemple Jean JAURES, avaient énormément bataillé en faveur de cette Loi (qui provoqua la rupture des relations diplomatiques du Vatican avec la France), en la préparant et la votant ensemble avec les radicaux de G. Clemenceau. Cependant, Jaurès, le défenseur d'une « révolution morale, servie et exprimée par une révolution matérielle », se distinguait de la plupart des grands représentants du socialisme-communisme du XIXe siècle, notamment de Marx, d'Engels, de Blanqui, de Vaillant, de Lafargue, de Jules Guesde et de Lénine, et des défenseurs radicaux de la laïcité et de l'athéisme (La Libre Pensée) par ses vues assez modérées concernant la question de la religion. Celle-ci n'est pas, aux yeux de Jaurès, comme pour Marx (lecteur critique de Feuerbach), « l'opium du peuple »; elle ne peut pas être non plus être considérée comme une simple « superstition » (Blanqui) ou une pensée mystique rétrograde, puisque pour Jaurès une société sans religion n'est pas vraiment imaginable, vu que ce qui caractérise l'être humain dans son rapport au monde, c'est qu'il possède une conscience tendant vers l'infini, à savoir une force transcendante le reliant avec le divin et avec la nature et que cette force serait si profondément ancrée dans l'homme et la nature humaine qu'il semble être irréaliste de vouloir en faire totalement abstraction, comme le font les partisans de l'athéisme.[29] Certes, Jaurès

[29] Cf. Jean Jaurès, *La question religieuse et le socialisme* [1891], présentation de Michel Launay, Editions de Minuit, Paris, 1959, p. 31 ; Cf. Arno Münster, *Jean Jaurès : un combat pour la laïcité, la*

partage-t-il, en tant que *socialiste*, avec les partisans de *l'athéisme,* les défenseurs radicaux de la laïcité et les autres critiques radicaux de la religion la conviction que « ce que le socialisme combat surtout dans le christianisme dogmatique et le spiritualisme officiel, c'est la force donnée par eux aux partis rétrogrades et conservateurs » et que « le christianisme dans la société actuelle n'est qu'une organisation *théocratique* au service de l'iniquité sociale[30]; mais il en tire d'autres conclusions, en contredisant notamment le blanquiste Édouard Vaillant pour lequel « le spiritualisme est le plus grand ennemi du socialisme[31] ». Car, à l'athéisme blanquiste niant complètement l'existence de Dieu, Jaurès oppose la conception spinoziste d'un *Dieu-Nature (Deus sive natura)* selon laquelle « Dieu agit et se manifeste dans ce qu'on appelle la nature et selon ses lois ». On ne peut développer, objecte-t-il, dans le monde, la vie de l'esprit qu'en utilisant tout ce que la nature contient de spiritualité secrète[32]. Ainsi, Jaurès plaide donc, en tant que socialiste réformateur (modéré), en faveur d'un certain spiritualisme ou plutôt d'une « force de l'esprit », tout en critiquant les conceptions d'un matérialisme ou marxisme vulgaire, voulant réduire toutes les manifestations de l'esprit, de la pensée, de la conscience à des éléments purement matériels[33].

En ce qui concerne le couple conceptuel « socialisme-religion », n'oublions pas non plus que Saint-Simon, ce

---

République, la Justice sociale et la paix. (Quelques réflexions en marge d'une commémoration), L'Harmattan, coll. « Questions contemporaines », Paris, p. 57 sqq.

[30] *Op.cit.*, p. 49.

[31] *Op.cit.,* p. 50.

[32] *Op.cit.*, p. 51.

[33] Cf. Arno Münster, *Op.cit.*, p. 59-60. - Le référent religieux dans la pensée de Jean Jaurès a été aussi analysé dans les travaux récents de Bruno Antononi, de Jordi Blanc et de Vincent Peillon. (A. M.)

grand représentant du *socialisme utopique*, au XIXe siècle, avait déjà pour sa part défini sa doctrine sociale de « l'industrialisme comme une « nouvelle religion de l'humanité » et que dans son sillage, Pierre Leroux (1797-1871), qui voulut - comme Jaurès - « porter la République dans le socialisme et le socialisme dans la République », après avoir quitté les *saints-simoniens* d'Enfantin, en 1831, avait proclamé la nécessité d'une *religion philosophique,* en attaquant Victor Cousin. Comme le souligne J.-F. Braunstein, la solution proposée par Leroux est la solidarité qui est la prise de conscience de la « concaténation de *l'Homme, de l'humanité et de Dieu »,* une conception qui va bien au-delà de la conception chrétienne de la simple charité tournée vers Dieu[34]. Conformément à sa doctrine de l'association, l'exigence d'égalité, inscrite dans les Constitutions, est « l'aboutissement logique de toutes les religions et philosophies du passé[35] ».

[34] Cf. J.F. Braunstein, Notice « Leroux » in : Denis Huysman (sous la direction), *Dictionnaires des Philosophes*, PUF, Paris, 1984, p. 1575.
[35] Pierre Leroux, *De l'égalité*, Boussac, 1848.

III. PAUL TILLICH ET LE « SOCIALISME RELIGIEUX » EN ALLEMAGNE

En Allemagne, pays protestant où, à cause de la spécificité de son histoire et surtout à cause de l'échec de toutes les tentatives d'une révolution bourgeoise, au courant du XIXe siècle, il a été a priori beaucoup plus difficile de se réclamer de *l'athéisme* qu'en France (Cf. la *Querelle de l'Athéisme*, provoquant, entre autres, le licenciement de Fichte de son poste de professeur de philosophie à l'université d'Iéna, en 1797, parce que ce dernier avait osé publier dans son *Journal philosophique* un texte de Jacobi jugé « athée » par les autorités!), on verra émerger, mais seulement à la fin de la *Première Guerre Mondiale,* c'est-à-dire en 1919/1920, un courant de *socialisme religieux* fondé par Ragaz, à Bâle, en Suisse, en 1919, se propageant rapidement vers l'Allemagne et sa capitale Berlin, en 1920. C'est pendant cette année 1920 que va naître, à Berlin, autour du théologien protestant Paul *Tillich* (1886-1965) le *Cercle Kairos,* composé majoritairement de pasteurs, d'économistes et de sociologues allemands progressistes, un cercle qui sera, ultérieurement, aussi élargi à certains militants du *Parti Social-Démocrate Allemand (SPD)*, sympathisant tous avec les idées d'un *socialisme éthique.* Deux membres de ce cercle, à savoir l'économiste *Adolph Lowe* et le co-fondateur du cercle *Paul Tillich* avaient des liens personnels amicaux avec le philosophe Ernst Bloch qui, pendant son exil américain (1938-1949), devait rencontrer de nouveau Paul Tillich, à New York, où ce dernier enseignait, après s'être également exilé aux Etats-Unis, en fuyant le nazisme, en 1933, à *l'Union Seminary of Theology* de New York. Les « Cahiers du socialisme religieux » (Blätter für religiösen Sozialismus), la tribune intellectuelle du groupe « Kairos », arrêteront leur publication en 1927. Paul

Tillich n'adhérera officiellement au SPD qu'en 1929. Nombre des membres du cercle de Berlin rejoindront ultérieurement les protestants antifascistes dissidents de « L'Église confessante » (Bekennende Kirche), créée à Berlin-Dahlem, en décembre 1933, par Dietrich Bonhoeffer, qui s'opposaient au nazisme et aussi à « l'Église Allemande du Reich » (pronazie), dirigée par l'évêque du Reich Müller. Un certain nombre parmi eux furent arrêtés par la Gestapo et déportés dans les camps de concentration nazis.

IV. LE CATHOLICISME FACE A L'ATHEISME, LA LAÏCITE, LE SOCIALISME ET LE COMMUNISME

En France, pour reprendre une formule de Rolf Geissler, « l'opposition entre la *raison* et la *religion* de la Révélation a été utilisée comme point de départ d'une critique de la religion qui, au sein des Lumières, est finalement allée jusqu'à remettre fondamentalement en cause la révélation chrétienne et qui a préparé le terrain pour une *laïcisation* radicale de l'image du monde et pour l'élaboration des théories *déistes* et *matérialistes athées*[36] ». Une conséquence en était que *l'athéisme* acquit en France, comparé à d'autres pays, comme par exemple l'Allemagne ou l'Angleterre, une influence considérable, dès le début du XVIIIe siècle, en se développant beaucoup, tout au long du XIXe siècle, par exemple avec le mouvement des « Libres penseurs », ainsi que pendant toute la durée de la IIIe République (1871-1940) où le mouvement en faveur de *l'école laïque* gratuite et obligatoire et de la *laïcité* culmina, entre autres, avec l'adoption, en 1905, de la *Loi portant sur la Séparation des Églises et de l'État* qui privait définitivement les Églises des subsides de l'État et de la mainmise sur l'enseignement primaire et secondaire, tout en garantissant le libre exercice du culte. En combattant cette loi, l'Église catholique et le Vatican reconfirmaient tout simplement leur hostilité traditionnelle à l'égard des Lumières, du progrès, des doctrines matérialistes et athées de la modernité ainsi qu'à l'égard du marxisme, du socialisme et du communisme, en adoptant une attitude conservatrice et réactionnaire qui l'amena,

[36] Cf. Jean-Robert Armogathe, Yves-Marie Hilaire (sous la direction), *Histoire générale du christianisme du XVIe siècle à nos jours*, vol. 2, PUF, Paris, 2010, p. 469.

entre autres, à appuyer, au nom de la défense des valeurs chrétiennes traditionnelles (de la famille et de la patrie) la rébellion franquiste contre la République espagnole et à signer, sous le règne du Pape Pie XII, en 1936, un *Concordat avec Hitler* et l'Allemagne nazie[37], exhortant indirectement les catholiques allemands à collaborer avec le régime et à résister à la tentation du communisme athée. Bien que l'Encyclique « Quadragesimo Anno » (1931) du pape Pie XI eût critiqué les excès du grand capitalisme ainsi que l'influence abusive des trusts sur les États, elle avait condamné en même temps le *communisme* et rejeté le *socialisme matérialiste*, tout en exigeant que les travailleurs devaient pouvoir accéder à la propriété et être associés à l'entreprise. (Déjà en 1891, le pape Léon XIII avait–il critiqué, dans son *Encyclique « Rerum Novarum »* les effets du libéralisme capitaliste, en critiquant qu' « un petit nombre de riches et d'opulents impose un joug presque servile à l'infinie multitude des prolétaires », mais en même temps – ce qui ne peut être interprété que comme une preuve de l'ambiguïté a priori de la critique sociale exprimée par les chefs charismatiques de l'Église catholique, dès la fin du XIXe et tout au long du XXe siècle - il préconisa le maintien de la propriété privée et le « bon usage des richesses ». Tout en condamnant le socialisme et le communisme, il demanda le développement de législations sociales protectrices des ouvriers, l'organisation des travailleurs en associations et syndicats ainsi que le respect par les patrons d'un juste salaire. C'est dans le sillage de cette naissance d'une certaine « sensibilité sociale » (certes encore assez timide et contradictoire), au sein même de l'Église catholique, et surtout parmi les jeunes travailleurs, qu'est née, en 1927, la *Jeunesse Ouvrière Chrétienne* (JOC), une organisation qui voulait, dès le début, se faire proche et compréhensive à la vie

[37] Cf. Rolf Hochhut, *Le vicaire* [pièce de théâtre], 1965.

ordinaire et aux difficultés des ouvriers et des petites gens. Ainsi la JOC a été le premier mouvement catholique en France à comprendre que la classe ouvrière s'éloignait de l'Église et à développer en conséquence la théorie et la pratique d'un *christianisme social* qui eut comme conséquence que ses militants et adhérents se sentaient de plus en plus obligés d'appuyer toutes les actions de *résistance ouvrière* contre les injustices sociales commises par le patronat et le gouvernement, y compris les grèves organisées par la CGT. Ils étaient par conséquent du côté des travailleurs qui, en 1936, après la victoire électoral du « Front Populaire », avec à sa tête le socialiste Léon Blum, occupaient les usines pour obtenir une augmentation des salaires. Mais ce n'est que huit ans plus tard, en 1944, après la Libération, qu'est né, dans le courant d'un « élan missionnaire », suscité par le cardinal Suhard, le mouvement des « *Prêtres ouvriers* », qui avait été spécialement créé pour changer l'image de l'Église, pour *rapprocher l'Église catholique,* réputée être « l'Église des riches », *du monde du travail* et des *réalités sociales* et pour ramener, si possible, les travailleurs, majoritairement non croyants ou non pratiquants, dans le giron de l'Église et de la foi. Suite à cet appel, une centaine de prêtres français se sont en effet engagés à travailler à l'usine, en s'inscrivant aussi comme militants aux syndicats (CGT). (Mais, suite aux réactions négatives du Vatican, cet engagement prit déjà fin, en 1947, avant les grandes grèves). Officiellement, le Vatican avait interdit aux travailleurs catholiques d'adhérer et de militer dans un syndicat communiste. Néanmoins, en défiant cette interdiction, une rencontre entre Henri Chartreux et Georges Séguy, le secrétaire général de la CGT, avait eu lieu, en 1952, au siège du syndicat des Cheminots, à Limoges, à l'initiative de Pierre Déverines, le secrétaire général des cheminots CGT de la ville. Encouragé par

Henri Godin, le fondateur de la « mission de Paris », le cardinal Suhard, archevêque de Paris et le théologien catholique le père Chenu, le mouvement des « prêtres ouvriers » commençait à se développer un peu partout dans le pays. Mais déjà deux ans plus tard, plus précisément, le 1er mars 1954, le pape Pie XII (ultra-conservateur et très anti-communiste) ordonne un coup d'arrêt brutal. Ce n'est que onze ans plus tard que lors de la toute dernière session du *Second Concile du Vatican,* à savoir le 28 octobre 1965, le pape Paul VI réautorise et relance, suite au vote unanime des évêques français, le mouvement des *prêtres au travail*, un mouvement qui comptera en ses rangs environ 600 prêtres en France dont la plupart sont syndiqués et très engagés en faveur des victimes de l'exclusion sociale. Mais seule une petite minorité d'entre eux adhèrent à un parti politique. En revanche, *L'Action Catholique Ouvrière* qui prendra le relais de ce mouvement (qui existe toujours, dans la France d'aujourd'hui), a délibérément fait le choix d'intervenir, régulièrement, dans le champ politique, notamment lors des élections (présidentielles et législatives), en publiant des manifestes et des déclarations politiques, adressés de préférences aux travailleurs, aux jeunes et aux retraités, dans lesquels le mouvement appelle à voter « pour les candidats porteurs des valeurs de justice sociale » et non pas pour les partis xénophobes d'extrême-droite (FN).

Bien entendu, l'engagement politique à *gauche* de nombreux catholiques, contre le gré des autorités ecclésiastiques, et notamment du Vatican, à partir de 1940, l'année de l'occupation de la France par l'Allemagne nazie, ne peut pas être évoqué sans mentionner le rôle de « pionnier » dans ce domaine qu'a joué le journal « Témoignage chrétien ». Cet hebdomadaire, fondé à Lyon le 16 novembre 1941, par le mouvement de Résistance intérieure française RIF, avait comme principal animateur le prêtre jésuite Pierre Chaillet (1900–1972) dont la principale activité consistait à diffuser clandestinement « Les Cahiers du Témoignage chrétien » dont la rédaction était aussi en contact avec le réseau « Combat ». L'équipe de rédaction comportait plusieurs jésuites dont Gaston Fessard et Henri de Lubac, des prêtres et des laïcs. (Le journal était imprimé clandestinement, à Lyon, par Eugène Ponse, qui mourra en déportation).

Après la Libération, « Témoignage chrétien » était un des premiers média catholiques français à prendre clairement parti pour la *décolonisation*, en Indochine, au Maroc, en Tunisie et en Algérie; c'était un des premiers journaux à dénoncer, comme le faisait aussi la revue « Les Temps Modernes » de Sartre, la torture pratiquée par l'armée française en Indochine et en Algérie. Pour ces faits, le journal a été saisi 96 fois, pendant la guerre d'Algérie, par la police française et son directeur a été poursuivi par la justice pour « diffamation envers l'armée ». Le directeur de la rédaction, Georges Montaron, a été agressé par un commando d'extrême-droite qui le jeta du haut d'un escalier et il fut « condamné à mort » par l'OAS. Les locaux du journal seront plastiqués, comme l'appartement de Jean-Paul Sartre situé rue Bonaparte à Paris. Après avoir soutenu, comme seul journal catholique, professant constamment des propos en opposition à la doctrine et à l'enseignement de l'Église catholique, la révolte de mai 68, le journal se rapproche de plus en plus, les années suivantes, des communistes, jusqu'à « rivaliser », finalement, dans les années 1973-1974, avec « L'Humanité », dans la dénonciation de *Soljenitsyne* dont les révélations sur les camps de travail soviétiques (GOULAG) en Sibérie (Cf. *L'Archipel du Goulag*, Le Seuil, Paris, 1972!) avaient provoqué de vifs remous, jusque dans les rangs des militants de base du PCF, le parti communiste occidental le plus « prosoviétique », à l'époque. En défiant les directives de la hiérarchie de l'Église et du Vatican, le journal appelle aussi à voter *Mitterrand*, le candidat de « *l'Union de la Gauche* »(PCF-PS-MRG), lors des élections présidentielles de 1981. En même temps, « Témoignage Chrétien » oeuvre en tant que journal catholique pour un « renouveau de l'Église de l'intérieur » ainsi que pour un renouvellement de la liturgie; il soutient *l'abbé Pierre*, défend les Églises du « Tiers Monde » ainsi que la Théologie de la libération (en Amérique Latine) et se bat en faveur des *prêtres ouvriers*. Conformément à cette ligne, le journal lance en 1995 un « Appel pour une Église en dialogue, au service des hommes et du monde ». En mai 1996, Georges Montaron est évincé de la direction du journal. Il meurt, après avoir subi deux opérations à coeur ouvert, le 8 octobre 1997. Les années suivantes, la baisse considérable et continue des abonnements précipite pourtant le journal dans une grave crise financière; suite à une recapitalisation, in extremis, il peut encore paraître, à partir de 2013, sous la forme d'une *Lettre hebdomadaire* de 4 pages et d'un mensuel d'une centaine de pages[38].

[38] Source : https:// fr. wikipedia.org/wiki/Témoignage_chrétien.

V. COMMUNISME ET RELIGION

(Les campagnes anti-religieuses des bolcheviques en Union Soviétique)

De l'analyse de tous ces documents relatifs à l'attitude des communistes à l'égard de la religion en général, on ne peut que tirer la conclusion que, globalement, le *socialisme* (démocratique, réformateur), dans toutes ses facettes et composantes, a été beaucoup plus tolérant et compréhensif à l'égard du phénomène religieux et des croyances religieuses en général que le *communisme* (soviétique ou maoïste) qui, après avoir écrasé et vaincu le régime autocratique – despotique - du *Tsar* n'hésitait pas à s'attaquer, après la *Révolution d'Octobre* de 1917, à « l'obscurantisme » et au principal pilier idéologique du régime tsariste qu'était à l'époque *l'Église russe orthodoxe,* en déclenchant plusieurs *campagnes anti-religieuses* de grande envergure. En tout, la Russie a été, entre 1918 et 1971, le théâtre de cinq grandes *campagnes anti-religieuses* qui avaient toutes le but de détruire le pouvoir de l'Église russe orthodoxe et d'anéantir la croyance religieuse pour faire triompher l'athéisme et la vision du monde matérialiste – irréligieuse - du *marxisme-léninisme.* La première de ces campagnes fut déclenchée par *Lénine* et les bolcheviques par le décret du pouvoir soviétique du 2 février 1918, proclamant la *Séparation de l'Église avec l'État et avec l'École*, « ôtant à l'Église son statut de personne légale et faisant perdre à l'Église tous ses revenus, toutes ses institutions, toutes ses écoles et séminaires, en interdisant l'instruction religieuse dans les écoles d'enseignement général[39]. » L'application de ce

[39] Cf. Dimitri Pospielovsky, « Les Eglises orthodoxes d'Europe sous les régimes communistes », in (sous la direction de) Jean Robert

décret conduisit, tout au long de l'année 1918, à la fermeture des institutions religieuses, des écoles diocésaines orthodoxes et des églises rattachées. Conformément à ce décret, il fut interdit aux prêtres de l'Église russe orthodoxe d'enseigner le catéchisme à l'école. Au cours de cette première vague de persécution (1918-1919), 15 000 prêtres, diacres et moines furent arrêtés, et la moitié exécutés, parmi eux vingt-huit évêques, le métropolite Vladimir de Kiev et de Galicie (exécuté le 7 février 1918) ainsi que et l'évêque de Tobolsk. Beaucoup de monastères furent pillés par les bolcheviques, dès octobre 1918[40]. Une deuxième vague de persécutions eut lieu, de 1921 à 1923, juste après l'écrasement de la révolte des M*arins de Cronstadt* (mars 1921) (9 000 morts!) et elle devait intensifier encore davantage la vague d'arrestations des prêtres et de la confiscation des biens de l'Église russe orthodoxe, conformément au souhait exprimé par Lénine, dans sa lettre du 19 mars 1922: « Plus nous fusillerons de clercs, mieux ce sera ». Ces persécutions étaient justifiées, officiellement, par l'argument que l'Église russe orthodoxe incarnait, par excellence, « l'héritage réactionnaire du passé tsariste, complotant pour une restauration de l'ancien régime[41] ». En conséquence, pendant cette période, plusieurs procès contre les prêtres et patriarches métropolites furent organisés, se soldant par quatre condamnations à mort, à Saint Petersbourg, et 11 exécutions, à Moscou. En mai 1922, le patriarche Tikhon de Moscou fut arrêté et en juillet 1922, le métropolite Benjamin fut condamné à mort, « pour activité contre-

---

Armogathe et Yves-Marie Hilaire), *Histoire générale du christianisme du XVIe siècle à nos jours,* PUF, Paris, 2010, p. 1041.

[40] Chiffres cités selon les statistiques de l'Eglise russe orthodoxe. Source : *L'orthodoxie et le monde (*page Internet consultée le 1er décembre 2017.)

[41] Cf. D. Popielovsky, op.cit., p. 1042.

révolutionnaire », et fusillé[42]. Lors d'une troisième vague de persécutions (1923- 1928), le patriarche Tikhon fut arrêté, mais le procès qui aurait dû le condamner à mort fut ajourné et le patriarche mourut, miraculeusement, libéré de prison, le 7 avril 1925. Afin de créer un mouvement de grande envergure en faveur de *l'athéisme,* les bolcheviques créèrent en 1921 le journal « Athée » combattant violemment tout sentiment religieux. Finalement, sous la direction de Jaroslawski, mais sur les ordres explicites de Staline, devenu secrétaire général du PCUS, en 1922, *l'Union des Athées militants* fut créée, en 1925, ainsi que *l'Association des Jeunes athées militants de l'URSS,* ayant toutes deux pour but de convertir la jeunesse russe à *l'athéisme*, en les arrachant de l'emprise traditionnelle de l'Église orthodoxe sur les *âmes*, en les convertissant à la « religion sécularisée » de la *vision du monde scientifique et athée du marxisme-léninisme,* qui devenait ainsi l'idéologie officielle de l'État soviétique. Ainsi, quatre ans seulement après la mort de Lénine (en 1924), qui, dans son *Testament,* avait exigé d'écarter Staline, à cause de ses méthodes bureaucratiques trop brutales, à savoir en 1928, des dizaines de milliers de prêtres, de moines et de religieuses orthodoxes ont encore été déportés et des centaines d'églises fermées, sécularisées ou détruites. Depuis l'année 1929, toute activité religieuse était désormais interdite en Russie.

A la persuasion et au dialogue, Lénine, Trotsky, Staline et les bolcheviques préféraient clairement la répression pure et simple de toute activité religieuse, des mesures bureaucratiques d'interdiction et la persécution du clergé et des fidèles opposés au pouvoir bolchevique ou tout simplement soupçonnés de l'être. Il s'agissait, à vrai dire, d'une tentative répressive de grande envergure, frappant surtout la campagne où les idées des bolcheviques avaient

---

[42] Source : *Op. cit.*, p. 1043.

trouvé très peu d'écho positif, en 1917, et où la population, les *moujiks*, c'est-à-dire la grande masse des paysans pauvres de Russie, continuaient à croire en Dieu et au Tsar. En les exterminant, pour imposer par la force et la violence la *vision du monde athée du socialisme scientifique* et du *communisme*, les bolcheviques (sous Staline) voulaient donc tout simplement éradiquer la religion et tous les sentiments religieux (condamnés comme « superstition »), en ne lésinant pas sur les moyens. Dès 1929, cette *campagne anti-religeuse* (qui avait déjà fait déjà des milliers de morts) fut relayée par la campagne de *dé-koulakisation*[43] de Staline qui conduisit à la *grande famine* de l'année 1932, en Union Soviétique, et qui faisait six millions de victimes, principalement en Ukraine.[44] (Les paysans avaient préféré détruire leurs récoltes au lieu de les livrer aux bolcheviques). En tout, dans la période de 1929 à 1933, 60 000 prêtres et/ou fidèles furent arrêtés, et 5 000 prêtres exécutés[45]. Le point culminant symbolique de cette vague de terreur anti-religieuse était sans nul doute aussi le dynamitage à Moscou de « l'Église du Christ Sauveur », en décembre 1931. En outre, les *purges staliniennes* des années 1937-1938 qui étaient principalement dirigées contre *l'opposition trotskyste*, coïncidaient avec une nouvelle et quatrième vague de persécutions de l'Église qui dura jusqu'en 1941 et qui fit en tout plus de 200 000 victimes. (Dans la seule année 1938, 20 000 prêtres furent fusillés).

---

[43] Cf. Marcel Gauchet, *A l'épreuve des totalitarismes (1914-1974). L'avènement de la démocratie*, III, Gallimard, Paris, 2010, p. 400. - Selon Marcel Gauchet, cette « guerre des bolcheviques contre ce « que fut en vérité la « dékoulakisation » se soldait par 2 800 000 déportations entre le début 1930 et 1933. «Au total, plus de vingt millions de paysans quitteront leurs villages pour la ville entre 1930 et 1935. » (Op.cit.)

[44] Ibid.

[45] Chiffres cités d'après *L'orthodoxie et le monde»*, *Op.cit*.

Le résultat de cette répression fut qu'en 1938, des 25 000 églises existant en Russie (en 1917), il n'en restaient que 1277[46]. Ces persécutions et discriminations frappèrent aussi les communautés juives et musulmanes de Russie dont les lieux de cultes (synagogues et mosquées) étaient fermés et auxquels il était désormais officiellement interdit de pratiquer les rites religieux, comme le Shabbat, la circoncision, les mariages juifs et les Fêtes juives. (Jusqu'aux années 1980, les Juifs de l'Union soviétique étaient en outre victimes d'un « marquage » discriminatoire, par l'impression du caractère « J » sur leur passeport).

Des exécutions de prêtres, des sécularisations et des destructions d'églises et de monastères eurent aussi lieu en Espagne, pendant la *Guerre civile*, notamment en 1936, 1937, 1938 et 1939, où en signe de « représailles » contre l'attitude *ultraconservatrice et pro-Franco* du clergé de *l'Église catholique*, environ sept mille curés furent exécutés, dans la plupart des cas par des militants révolutionnaires libertaires (très anti-cléricaux) de la CNT anarchiste. (De l'autre côté, 200 000 républicains-socialistes, communistes, anarchistes – étaient fusillés par les troupes franquistes, dans cette guerre qui opposait, pendant trois ans, avec une violence extrême, deux visions antagonistes du monde, celle – conservatrice – fondée sur la *famille*, le *travail*, la *patrie* et la *religion catholique*, et celle fondée sur les valeurs *républicaines, la liberté, la laïcité, l'égalité, le socialisme, la fraternité.* C'est l'intervention militaire de l'Allemagne nazie et de l'Italie de Mussolini ainsi que la politique de « non-intervention » des puissances occidentales (Grande-Bretagne, France) qui conduisit à la victoire de Franco et du camp ultra-conservateur, dans cette guerre civile meurtrière, en 1939).

---

[46] *Ibid.*

Pendant la *Seconde Guerre Mondiale* et après l'invasion de l'Union Soviétique par l'Allemagne nazie, en juillet 1941, à laquelle Staline riposta par l'organisation de la « Grande Guerre Patriotique », Staline atténua cependant temporairement sa campagne anti-religieuse, en autorisant notamment, à partir de septembre 1943, après la rencontre « historique » de Staline avec trois *métropolites*, la réouverture des séminaires religieux et des publications de l'Église russe orthodoxe. Ainsi, entre 1943 et 1945, 1270 églises, un monastère et deux séminaires furent réouverts[47]. Mais des sursauts de répression eurent lieu, après la *Libération* et la victoire sur l'Allemagne nazie, en mai 1945, notamment en 1947, 1948 et 1949, l'année où 3223 prêtres[48] furent arrêtés et déportés dans les *Goulags soviétiques*. Après la mort de Staline, en 1953, et une phase transitoire marquée par une relative « libéralisation » et un assouplissement général du régime (qui ne dura que trois ans (de 1954 à 1957), les persécutions de l'Église reprirent, en 1958, sous *Nikita Krouchtchev:* les séminaires furent de nouveau fermés, un grand nombre d'églises orthodoxes fermées, faisant qu'en 1962 le nombre des églises en Russie avait encore diminué de 30%. D'après les chiffres cités par D. Pospielovsky, la période entre 1948 et 1965 donna lieu à la liquidation de 53 % des paroisses orthodoxes, de 56 % des paroisses catholiques et de 45,8 % des autres « sociétés religieuses[49] ». Sous l'ère de Brejnev, le harcèlement systématique de l'Église diminua un peu, mais à partir de 1986, plus de 100 églises orthodoxes furent réouvertes. Ce n'est qu'après l'arrivée au pouvoir de *Michael Gorbatchev* que cette libéralisation (qui avait commencé dans la

---

[47] Chiffres cités d'après D. Pospielovsky,in *Histoire générale du christianisme du XVIIe siècle jusqu'à nos jours,* op.cit., p.1045.

[48] Source : Ibid.

[49] Cf. D. Pospielovsky, op.cit., p. 1049.

période 1984-1986) s'acheva. En 1984, dans un discours prononcé devant « l'École Supérieure du Parti et du « Comité Central » du PCUS, en 1988, Konstantin *Kharchev*, le président du *Conseil pour les Affaires Religieuses*, depuis 1984, admet l'échec complet des campagnes anti-religieuses et de l'athéisme en URSS, en affirmant qu'après toutes ces campagnes violentes et meurtrières ayant eu pour but l'extermination de la religion et l'institution de l'athéisme, 70 % de la population de URSS croyaient encore en Dieu ! Défendant l'idée d'une « spiritualité communiste », il exhorta le Parti d'agir pour que les fidèles crussent simultanément « en Dieu et au Communisme ! » L'application de la « perestroïka » et de la politique de la « Glasnost » par *Michaël Gorbatchev* conduisit finalement, dans la période 1986 à 1990, à la réouverture en masse des églises. Avec l'adoption de nouvelles lois, en octobre 1990, sur « la liberté de religion », toutes les religions recensées en Union soviétique (y compris les religions musulmane et juive) furent officiellement reconnues et considérées désormais comme « des entités légales et des organisations sociales à part entière[50] ». (Les prêtres orthodoxes étaient désormais autorisés à donner des cours de catéchisme dans les écoles de l'État)[51]. Avec *Boris Yeltsine* et la *fin de l'Union sovié-tique*, en 1991, sonna pour l'Église orthodoxe russe, définitivement, l'heure du retour. Les communautés orthodoxes se reconstituaient, les Églises et séminaires furent ouverts et restaurés, le culte et les fêtes de nouveau célébrés et respectés. Sous la présidence de Vladimir Poutine, qui ranima pour ainsi dire, avec sa politique nationaliste, le rêve de la « grande Russie » du passé, l'Église russe orthodoxe, avec ses valeurs conservatrices (et aussi nationalistes), devint de nouveau

---

[50] Cf. *op.cit.*, p. 1051.
[51] *Ibid.,* p. 1052.

un pilier du régime, entièrement reconnu et respecté par le pouvoir.

VI. L'ATTITUDE DE LA CHINE DE MAO FACE A LA THEOCRATIE TIBETAINE

En ce qui concerne la *Chine de Mao,* des méthodes staliniennes extrêmement brutales étaient utilisées, après l'invasion du TIBET, en 1950, par l'armée chinoise, pour détruire les temples et monastères tibétains et pour assassiner les prêtres. Lors de ces persécutions, des milliers de Tibétains, principalement des moines, étaient tués. Cette campagne meurtrière était non seulement menée pour imposer, brutalement, l'hégémonisme chinois et le régime communiste, mais aussi pour détruire, au nom des idées du progrès, du communisme et de l'athéisme, la dernière grande *théocratie* du monde: celle du *Dalaï Lama.* La répression exercée contre les Tibétains, dès l'année 1950, par les Chinois fut si grande, qu'en 1959 une grande révolte populaire éclata en signe d'*insurrection* contre la dictature chinoise; mais cette révolte fut écrasée et étouffée dans le sang, sur ordre de *Mao-Tse–Dong,* par l'armée chinoise, dite « Armée nationale populaire de libération ». Elle fit du moins 20 000 à 30 000 victimes. Le *Dalai-Lama*, le chef spirituel de la théocratie tibétaine, fut contraint de quitter son pays et de se réfugier en Inde ...

VII. L'ETAT SOCIALISTE FACE A L'EGLISE DANS LES PAYS DE L'EST.

1) L'Albanie d'Enver Hodja

Les méthodes utilisées par Staline, pendant les diverses campagnes anti-religieuses menées en Union soviétique, depuis les années 1925-1930, furent aussi imitées, à des degrés différents, dans l'après-guerre, c'est-à-dire, dans les années 1950-1960, dans la plupart des pays « satellites » de l'Union soviétique: notamment en Hongrie, en Roumanie, en Bulgarie, en *Albanie* et en Allemagne de l'Est. De tous ces pays, « l'Albanie socialiste » d'Henver Hodja était celui qui faisait le plus de zèle en matière de persécutions anti-religieuses. En 1945, la population de l'Albanie comptait 70 % de musulmans, 20% de chrétiens orthodoxes et 10 % de catholiques. Après son arrivée au pouvoir, après la proclamation du marxisme-léninisme et de l'athéisme comme seule vision matérialiste du monde validée dans son État socialiste, les Églises et surtout les mosquées étaient fermées, entourées de barbelées, le culte interdit; prêtres et fidèles arrêtés, déportés dans des camps et exécutés en grand nombre. L'athéisme devint la nouvelle « religion » laïque du pays. En 1967, l'Albanie fut officiellement déclarée « Premier État socialiste totalement athée ». Dès l'année 1949, au cours d'une grande vague de persécution anti-religieuse, le premier dirigeant de l'Église orthodoxe albanaise Mgr. Christophore, fut déposé par le régime stalinien d'Enver Hodja, sous l'accusation de « comploter contre le régime communiste », et torturé à mort; entre 1951 et 1973, les cinq évêques orthodoxes restants furent également tous exécutés. Dans la même période, pratiquement tous les bâtiments religieux (églises, monastères...) furent démolis; seuls trois ou quatre furent encore conservés comme musées. Tous les cultes, cérémonies et fêtes religieuses étaient interdits, tous le membres du clergé incarcérés, tous ceux qui accomplissaient des rites religieux furent condamnés à la peine de mort[52]. Avec la fin du communisme soviétique, en 1990, les fondements de ce dernier régime stalinien extrêmement dur du monde (avec celui de la Corée du Nord) commençaient pourtant à trembler. Sous la pression de grandes manifestations populaires, le régime fut obligé de proclamer, le 8 novembre 1990, la *liberté religieuse*. L'article constitutionnel interdisant la religion fut aboli. Depuis, le régime conservateur-libéral de M. *Berisha* tolère-t-il la pratique de toutes les religions en Albanie...

La même politique fut mise en oeuvre, à des nuances près, aussi en Roumanie, où, sous la dictature de Ceausescu, aussi toutes les fêtes chrétiennes (y compris celle de Noël) étaient désormais interdites, et en Hongrie, par le régime communiste très autoritaire et stalinien de Rakocsi. Dans ce dernier pays, ces mesures antireligieuses et la campagne pour l'athéisme qui l'accompagnaient, se heurtèrent cependant à une certaine *résistance*, notamment de la part de la population (majoritairement catholique) et de la part du *cardinal Minszeti* de Budapest qui, dans ses sermons et déclarations publiques, prit la parole pour critiquer ouvertement le régime et qui fut, pour ce fait-là, persécuté et démis de ses fonctions. En 1956, après l'insurrection hongroise, il dut se réfugier à l'ambassade des Etats-Unis, à Budapest, pour échapper à l'arrestation et à la déportation (sinon à l'exécution).

---

[52] Cf. *Histoire générale du christianisme du XVIIe siècle à nos jours*, op.cit., p. 1053.

2) EGLISE ET ETAT COMMUNISTE EN ALLEMAGNE DE L'EST (RDA)

En Allemagne de l'Est (DDR), le régime de Walter Ulbricht, un pur produit du stalinisme, à 100 % aligné à la politique de l'Union soviétique (comme celui de la Hongrie, de la Pologne ou de la Tchécoslovaquie), prit également, peu de temps après la proclamation de la « République Démocratique Allemande », en 1949, à Berlin-Est, immédiatement, après son installation au pouvoir, des *mesures anticléricales* plus ou moins drastiques destinées à limiter l'influence de l'Église (protestante) et à imposer de manière *anti-démocratique et autoritaire* l'hégémonie de la vision scientifique et athée du *marxisme-léninisme* et du *socialisme scientifique.* Chose pas facile, vu qu'en 1947 encore 92 % de la population de la RDA étaient membres de l'Église (protestante). La séparation des Églises et de l'État, décidée en 1950, priva les Églises de leurs moyens de financement de leurs institutions, tout en garantissant la pratique libre des cultes. Désormais, des agents de la *Stasi* étaient envoyés dans les Églises, pour surveiller les pasteurs et les croyants. Ceux qui critiquaient ouvertement le régime étaient arrêtés. Sous les conditions du système de *parti unique* et de la *dictature des apparatchiks*, l'Église protestante, tenant à ses valeurs (plutôt conservatrices-libérales) opposa toujours une certaine résistance au Parti-Etat, mais cherchant en même temps un « modus vivendi » avec le régime, afin de pouvoir préserver le contrôle de ses institutions. Elle s'opposa, avec une certaine efficacité, à la « Jugendweihe », spécialement créée par le régime de l'Allemagne de l'Est pour substituer à la *confirmation protestante* une cérémonie non religieuse - athée - de prestation de fidélité (de sermon) au régime, à la « patrie RDA ». Comme le régime menaçait ouvertement de représailles tous ceux qui tenaient à la confirmation par l'Église, le nombre de « confirmés » baissa en effet, au cours des années suivantes, mais sans que le but que s'était posé le « parti » soit atteint. Cependant, les Églises se situaient pour ainsi dire, pratiquement jusqu'à la disparition de la RDA, en octobre 1990, en raison de la réunification de l'Allemagne, dans une opposition démocratique pacifique au régime communiste qui devait jouer un rôle important lors de la mobilisation populaire de l'année 1989, par exemple à Leipzig et à Berlin-Est, lors des « manifestations du lundi », qui ont finalement provoqué, par des moyens pacifiques, la chute du mur de Berlin et du régime, en octobre 1990.

Il y avait cependant une petite nuance et différence, dans l'attitude du régime à l'égard de l'Église, entre l'époque de *Walter Ulbricht* et celle d'Erich *Honecker*: Tandis que Ulbricht, « élève modèle » numéro 1 des Soviétiques, dans le camp des pays de l'Est, marchant dans les pas de Staline, avait adopté, pratiquement pendant toute la durée de son règne, une attitude très dure et intolérante à l'égard des Églises et des religions en général, en se tenant strictement à la « vulgate marxiste-léniniste », avec son postulat de « l'athéisme scientifique », Erich Honecker, tout en souscrivant, officiellement, aux mêmes principes, était, sous certaines conditions, prêt à un dialogue avec les chrétiens, ce qui eut comme conséquence qu'en 1978 les représentants de l'Église protestante étaient officiellement reçus par le « premier secrétaire général » du parti SED (communiste) au pouvoir. Ce changement d'attitude de régime n'était probablement pas sans rapport avec la vague d'émotion et de colère des chrétiens de la RDA, après *l'autodafé du pasteur Oskar Brüsewitz*, deux ans plus tôt, en 1976, avec lequel ce pasteur courageux avait voulu protester publiquement contre l'oppression de l'Église en RDA. Cela ouvrait en effet pour la première fois la voie à une première et timide « normalisation » des rapports du régime avec les chrétiens. En outre, la création d'un *Parti Chrétien Démocrate (*CDU), en Allemagne de l'Est, avait la fonction précise d'inviter les chrétiens du « premier État socialiste des ouvriers et des paysans sur le sol allemand » à collaborer à la construction du socialisme dans leur patrie (la RDA), vu que ce parti, officiellement classifié comme faisant partie du bloc national (avec le « Parti Libéral Démocrate » et le « Parti National-Démocrate ») avait été contraint, dès sa fondation, à s'aligner complètement sur la politique du *Parti communiste* au pouvoir, en reconnaissant son rôle de guide et de direction (Führungsrolle der Partei). En réalité, ses représentants étaient, dès le début, réduits à de simples figurants, étant complètement minoritaires dans l'Assemblée Nationale (la « Volkskammer ») de la RDA. Toutes les décisions étaient prises par le « bureau politique » du Comité Central du parti communiste (SED) et son secrétaire général.

Dans l'amorce d'un dialogue entre chrétiens et marxistes (communistes), tardivement mis en oeuvre, en RDA, entre 1961 et 1975, certains intellectuels et philosophes marxistes, comme par exemple Ernst Bloch, auraient pu a priori jouer un rôle de médiateur important ; mais ayant quitté la RDA, déjà en août 1961, juste une semaine avant la construction du « mur de Berlin », le philosophe marxiste, proche de la « théologie de la libération », ne pouvait plus militer directement, ou indirectement, en faveur de cet objectif, à partir de la RDA. C'est désormais à partir de Tübingen, en Allemagne de l'Ouest, où il fut installé comme professeur invité (à vie) de philosophie (bénéficiant d'un statut spécial), à partir de novembre 1961), qu'il menait ce combat, en consacrant notamment, pendant plusieurs semestres, toute une série de *cours magistraux* à la « philosophie de la religion ». Et c'est sur la base de ces cours magistraux qu'a été rédigé, dans cette ville, devenue sa « nouvelle patrie », en Allemagne, avec l'aide de ses assistants les plus proches, le livre *Athéisme dans le christianisme* qui n'a été publié qu'en 1968. C'était de loin la plus importante contribution au dialogue entre marxistes et chrétiens, publiée dans l'Allemagne de l'après-guerre....

VIII. JUDAÏSME, MARXISME ET ATHEISME DANS LA PENSEE D'ERNST BLOCH

Rappelons tout d'abord quelques faits indispensables pour la compréhension du grand intérêt manifesté depuis longtemps par l'auteur du *Principe espérance* (1959) pour la religion en général et le judaïsme et le christianisme en particulier.

L'étiquetage d'Ernst Bloch comme philosophe *marxiste* (qu'il était effectivement, mais seulement à partir de l'année 1921) a très injustement fait oublier deux choses importantes: (1) que son oeuvre de jeunesse (y compris *L'Esprit de l'Utopie* (1918), son premier grand livre) n'était pas du tout marquée par le marxisme ou une quelconque réception positive de l'oeuvre de Marx, mais au contraire, du moins pour une partie, par une forte *subjectivité mystico-religieuse* (à l'exception bien sûr du dernier chapitre intitulé « Karl Marx, la mort et l'apocalypse »); et (2) que ce même philosophe était, du moins entre 1911 et 1918, et même au-delà de cette date, aussi fortement marqué par le *judaïsme,* à savoir par la conscience et par l'affirmation de son *identité juive.*

La meilleure attestation de cela est en effet la lettre d'Ernst Bloch au docteur Muehlon (avocat, industriel et ex-diplomate allemand qui, après avoir rejoint le camp des pacifistes, s'était exilé en Suisse, en 1916), écrite à Interlaken (en Suisse), le 22 novembre 1918, une lettre dans laquelle il dénonce, entre autres, *l'antisémitisme* de Hugo Ball, d'un ex-ami, fondateur du mouvement du « dadaïsme » à Zurich.

« Ball sait très bien », dit-il, dans cette lettre, ... « que je suis un Juif absolument conscient de mes racines (de ma race) (rassebewusster Jude), que je suis fier de mon peuple ancien et mystérieux et que ma patrie est (pour ainsi dire), avec mes meilleurs côtés, le *sang juif* et la *grande tradition religieuse de mon peuple.* J'ai déjà affirmé cela, dans un éditorial publié [en 1918, dans la « Freie Zeitung » de Berne, A.M.] Certes, on peut critiquer tel ou tel aspect d'un judaïsme égaré ou tombé en décadence (...), ce que les prophètes ont d'ailleurs mieux fait que Ball. Mais notre essence même, notre côté « Ancien Testament », le *Sinaï en nous-mêmes,* notre *a priori* ne peut pas être atteint par cette critique (....)[53] ».

Effectivement, en tant que *philosophe de la religion,* Ernst Bloch traite dans son œuvre de toutes les religions monothéistes, donc aussi de l'Islam, du bouddhisme et du christianisme, mais, dans un premier temps, avec une intention particulière empathique pour le *judaïsme* qui est sa religion d'origine, même s'il n'a pas eu une éducation juive-traditionnelle, dans sa ville natale de Ludwigshafen, et même s'il exprime en même temps aussi quelques réserves à l'égard des pratiques orthodoxes juives, à savoir à l'égard de l'orthopraxie de la théologie rabbinique. Il a ceci en commun avec Martin Buber[54] qu'il critique, comme cela est aussi le cas de l'auteur du *Je et Tu,* des *Récits hassidiques*[55] et d'*Utopie et Socialisme*[56]*,* un certain *formalisme* dans la pratique de la croyance juive de la synagogue ; et il a aussi - et cela est attesté surtout dans le tome IIIème du *Principe Espérance* - subi l'influence de la

---

[53] Cf. Ernst Bloch, *Briefe (1905-1975)*, éd. par Karola Bloch et alii, vol. I, Francfort, Suhrkamp, 1985, p. 232-232.

[54] Cf. Martin Buber, *Je et Tu*, trad. de l'allemand par Geneviève Bianquis, préface de Gaston Bachelard, Paris, Aubier, 1938, rééd, Aubier,2012.

[55] Cf. Martin Buber, *Récits hassidiques*, trad. Armel Guerne, Paris, Plon, 1963.

44 Cf. Martin Buber, *Utopie et socialisme*, trad. Paul Corset et François Girard, préface d'Emmanuel Lévinas, Paris, Aubier, 1977.

sociologie des religions de l'époque, notamment celle de Max Weber dont Ernst Bloch avait suivi les cours et le séminaire, à l'université de Heidelberg, de 1911 à 1913.

En outre, dès son essai de l'année 1913, écrit à Heidelberg et intitulé *Symbole : les Juifs* (texte qui figure dans la lère édition de *l'Esprit de l'Utopie* de 1918 mais non pas dans la 2ème édition de 1921 (qui seule a été traduite en français), dans cet essai, Bloch réaffirme la *religiosité juive* comme une valeur tout à fait positive ; car pour lui le peuple juif est le *peuple religieux par excellence,* c'est *le peuple élu*, secoué par des pulsions religieuses fortes, même si la pratique religieuse juive (synagogale) soit devenue, selon lui, à travers les siècles, une pratique « trop figée, trop orthodoxe » et trop « formaliste » de la *Loi juive,* de la *Halakha.* Ernst Bloch était d'ailleurs le fils unique d'une famille juive allemande ashkénaze non pratiquante, à Ludwighafen, sur le Rhin, mais les fêtes juives y étaient respectées au sein même de cette famille et ses parents (son père était fonctionnaire des Chemins de Fers Allemands) lui ont quand même fait passer la *Bar-Mitsva,* à l'âge de 14 ans. Nous constatons donc chez Ernst Bloch, malgré son grand intérêt pour la *mystique juive*, c'est-à-dire la *Kabbale*, dans son œuvre de jeunesse, une certaine *dissidence* par rapport à la *théologie juive rabbinique officielle* qui s'exprime notamment dans sa lecture critique de la bible, de la *Torah,* et surtout dans sa lecture spécifique du *Livre Bereshit* (Genèse) et ses analyses et commentaires consacrés à *Jahvé* et à *Moïse,* dans le tome IIIème du *Principe Espérance,* sa grande trilogie philosophique, écrite pendant son exil aux Etats-Unis(1938-1949), se focalisant sur la dimension *messianique* et *utopique* du *judaïsme,* par exemple dans le récit de la sortie du peuple juif de l'Égypte, guidée par Moïse, vers le pays de Canaan, le premier grand acte d'*émancipation* d'un peuple de la servitude et de l'esclavage, dans l'histoire. On peut constater aussi chez Ernst Bloch, par exemple, dans son livre *Traces*[57] *(Spuren)*, une certaine influence du hassidisme ; car ce livre comporte aussi, au-delà des « petites perceptions » collectées dans la vie quotidienne, une *nouvelle hassidique* dont le héros est un rabbin d'une des communautés juives ashkénazes de l'Europe de l'Est, du sud de la Pologne, à savoir, de Galicie, qui est tout à fait écrite dans la tradition de *Récits hassidiques* de Martin Buber, grand représentant du *sionisme culturel.*

Il ne relève pas du tout du hasard qu'Ernst Bloch, dans son analyse de *Moïse*, dans le chapitre du tome III du *Principe Espérance* consacré à « Moïse ou la conscience de l'utopie dans la religion et de la religion dans l'utopie[58], cite Max Weber et, précisément, cet important paragraphe de ses *Essais choisis de sociologie des religions* où il souligne l'importance du genre *messianique* chez *Moïse* et les *prophètes* d'Israël de la manière suivante : « Ce qu'il y a de particulier dans l'espoir israélite, c'est l'intensité croissante avec laquelle soit le *paradis*, soit le *rédempteur* est projeté dans *l'avenir*, le premier à partir du passé, le second à partir du présent. Cela ne s'est pas produit en Israël uniquement, mais nulle part ailleurs cet espoir n'a occupé le centre de la religiosité avec un tel poids d'ailleurs croissant. C'est l'ancienne *Berith* (alliance) de *Jahvé* avec Israël, sa promesse appelée par la critique du présent misérable qui ont permis cela, mais c'est uniquement le poids et la force de la *prophétie* qui ont fait

---

[57] Cf. Ernst Bloch, *Traces*, trad. de l'allemand par P. Quillet et P. Hildebrandt, Gallimard, Paris, 1968.

[58] Ernst Bloch, *Le Principe Espérance,* tome III (les images-souhaits de l'instant exaucé, la morale, la musique, la religion, la nature, le Souverain bien), trad. de l'allemand par F. Wuilmart, Gallimard, Paris, 1991.

d'Israël et dans une telle mesure *le peuple de l'attente et de l'espérance* [59] ».

C'est la raison pour laquelle ce qui caractérise selon Ernst Bloch l'essence même du *judaïsme* rédempteur, c'est cette *attente*, cet *espoir*, ce *principe espérance,* allant de pair avec la projection dans l'avenir de l'espérance de la rédemption du monde d'un peuple souffrant et opprimé, incarné dans l'arrivée du *Meshiah,* du *messie.* Cela signifie aussi que tout fondateur de religion, et notamment *Moïse*, le libérateur, qui a conduit et *émancipé son peuple de l'esclavage en Égypte,* apparaît toujours avec une *aura* qui est celle du *messie,* et avec cette annonce des « cieux nouveaux » et d' « une terre nouvelle », après la sortie salutaire du peuple juif du présent misérable. Allusion assez claire au fait qu'après le retour des Juifs de l'exil babylonien, la Judée se trouvait dans une situation à ce point déplorable que c'est parmi eux que la *foi en un messie* ait pu devenir une véritable force dynamisante[60]. Il s'agit bien d'une force *messianique* qui s'exprimait aussi bien dans ce « pathos du nouveau » que dans cet *humanisme* mettant l'accent sur *l'humain*, la justice et la fraternité.

---

[59] Max Weber, *Essais choisis de sociologie des religions,* vol. III, Munich, 1923, p. 249. Ernst Bloch, *op.cit.*, p. 394.
[60] *Op.cit.*, t. III, p. 395.

IX. MESSIANISME, PROPHETISME ET ESPERANCE UTOPIQUE

Comme le souligne Ernst Bloch, dans la religion juive, le *messianisme* est « *l'utopie* qui permet au Tout Autre du contenu religieux d'être médiatisé sous une forme grâce à laquelle il échappe au danger de la consécration des maîtres ou de la théocratie ». Ce qui voudrait dire que la croyance juive, malgré toutes les codifications de la Loi qui sont intervenues au cours de l'histoire, et en dépit de tout ce qui a été critiqué par certains comme le « formalisme » de la Loi de la synagogue (c'est d'ailleurs un terme que le jeune Bloch avait employé lui-même, dans son important essai de l'année 1913 intitulé *Symbole : les juifs* (*Esprit de l'Utopie*, 1ère édition, 1918), a pu conserver vivant en son cœur même cette foi en un *Messie*. Et c'est encore une fois Ernst Bloch qui nous rappelle à ce propos cette affirmation solennelle de Maimonide dans *Le Guide des Égarés*, que « celui qui nie le messianisme, nie *la Torah toute* entière »[61], tout en soulignant que ce « n'est pas un mystique qui dit cela, mais un rationaliste »! Il y a donc dans ce messianisme juif un pôle négatif : c'est l'Égypte, c'est le pharaon, c'est l'esclavage, et un pôle positif : c'est Canaan. « C'est Canaan, mais sans l'Égypte », affirme E. Bloch, dans le chapitre consacré à Moïse, dans le *Principe Espérance,* « n'existeraient ni l'exode ni l'évidence du *messianisme*, mais « il suffit que l'Égypte fasse irruption dans la mer pour que s'ouvre la voie qui mène à Canaan[62] ».

De même Ernst Bloch est-il absolument convaincu que le *Deus Spes,* le *Dieu de l'espérance,* soit déjà préfiguré chez Moïse, même si l'image du *Messie* n'apparaît que

---

[61] Op.cit., p. 396.
[62] Ibid.

mille ans plus tard, tout simplement parce que « le messianisme est plus ancien que la foi dans le Messie, il a ses vraies origines dans cette attente, dans cet espoir d'un peuple opprimé et tenu en esclavage en Égypte, par les Pharaons, dans cette *espérance inébranlable de l'avènement d'un monde meilleur, dans l'avenir, dans la rédemption,* et c'est déjà Moïse qui a annoncé ce Dieu de l'Espérance à son peuple[63] ».

Or les prophètes d'Israël, et notamment les prophètes Amos et Isaïe, nous rappelle Bloch, étaient pour ainsi dire déjà sur la même « longueur d'onde », lorsqu'ils ont intensifié cette vision messianico-utopique, en préconisant un Dieu qui annonce l'avenir.

C'est dans cette même logique - messianique, *eschatologique* - qu'Ernst Bloch interprète cette phrase de Jahvé face à Moïse devant le Buisson ardent : EH'JE ASCHER EH' JE (« Je serai celui qui je suis »), en soulignant que ce « Eh'je ascher eh'je » place, dès le début, dès l'apparition de Jahvé, un Dieu de la fin des temps, avec le *futur*[64], comme nature profonde de son être. Et c'est bien la théologie rabbinique qui identifiera, plusieurs siècles plus tard, *Jahvé,* le Dieu créateur du monde, avec le *Deus Spes*, le *Dieu de l'Espérance,* que Moïse a annoncé à son peuple.

Or, la *Kabbale*[65], avec sa doctrine des *émanations* des degrés de la puissance divine, avec son eschatologie et avec ses visions du « Char Merkaba », exprime, selon Ernst Bloch, cette même tendance vers un « omega messianique » ; et il cite comme preuve, entre autres, la *Schekhina,* cette doctrine kabbalistique de la *présence*

---

[63] E.Bloch, *op.cit.*, III, p. 390.

[64] Ibid.

[65] Cf. Gershom Scholem, *Les grands courants de la mystique juive. La Merkaba - la Gnose – la Kabbale-Le Zohar- Le Sabbatianisme-le Hassidisme*, trad. de M.-L. Davy, Payot, Paris, 1983.

divine dans tous les êtres, qui – « ne trouve pas sa source lumineuse dans le commencement du monde, mais dans la *lueur messianique* de la consolation et de l'espérance. Et c'est ainsi qu'apparaîtrait, déjà dans la « Kabbale », « l'espace optatif de la fin ou du jour de la libération[66] ».

[66] *Op.cit.*, p. 391.

X. UNE SAGESSE TALMUDIQUE ?

Comme Marc-Alain Ouaknine[67] le souligne, dans son livre *Le Livre brûlé. Lire le Talmud*, le TALMUD, tout comme la philosophie, commence avec l'étonnement. Il existe, à ce propos, un parallélisme étonnant avec la philosophie grecque ancienne, notamment avec PLATON pour qui le début de tout philosopher est *l'étonnement*, le « thaumazein ». Il ne s'agit pas d'être étonné, mais de « s'étonner ». De quoi ? De tout : du monde, des injustices, des erreurs, des mensonges…On pourrait dire qu'Ernst Bloch, dès ses premiers écrits, est presque sur cette même longueur d'onde ; car il a l'habitude de placer en exergue de tous ses livres la phrase « Qui suis-je ? » « Je suis, mais je ne me possède pas encore. Donc nous devenons, etc… ».[68] C'est un questionnement existentiel, ontologique qui est complété par le questionnement : « Qui sommes-nous ? », « Où allons-nous ? », « Quel sera l'avenir ?», qui servira aussi d'ouverture à un livre comme *Traces (Spuren)* (1930), qui comporte aussi une nouvelle dont le héros est un rabbin des communautés juives de Pologne, de Galicie, une nouvelle racontée par Ernst Bloch dans le meilleur style des *Récits Hassidiques* de Martin Buber.

C'est ce questionnement premier qui suggère donc le début de toute philosophie, pour Platon comme pour le Talmud, comme pour Ernst Bloch. Mais ce n'est pas une réaction mais « un acte délibéré, volontaire, totalement actif et créatif à la fois. » Pour Marc-Alain Ouaknine, « l'origine de cet étonnement ne se trouve pas dans le

---

[67] Marc-Alain Ouaknine, *Le livre brûlé. Lire le Talmud,* Lieu commun, Paris, 1986.- Nous reprenons ici des propos tenus dans l'émission « Talmudiques » de Marc-Alain Ouaknine, diffusée sur « France Culture », le 23 avril et le 1er mai 2016. (A.M.)

[68] Ernst Bloch, *Le Principe espérance,* t. I, Préface, *op.cit.*,p. 9.

monde, mais dans l'homme. L'étonnement doit porter sur tout ce qui nous entoure : le temps, l'espace, les choses, les hommes, les animaux, les plantes, les outils et nous-mêmes[69] ». Il peut aussi nous porter, comme Ernst Bloch l'indique dans son premier grand livre *L'Esprit de l'Utopie* (1918), à la fois vers les « chemins de l'intérieur », nous conduisant à la « rencontre de soi-même », et vers les chemins de l'extérieur, et même vers l'énigme de la construction de la « Question inconstructible »[70]. Mais pour Ernst Bloch, l'homme n'est pas, essentiellement, un être du passé/présent, mais un *être en devenir,* c'est l'homme *pensant et travaillant*, capable de transformer le monde, dans le but de créer un monde meilleur. L'homme doit, en conséquence, se débarrasser des traditions sclérosées, il doit s'inventer, aller de l'avant, en réalisant ses *rêves diurnes*, avec l'aide de la catégorie « possibilité », en les transformant en une praxis ayant pour but *l'humanisation du monde,* la *naturalisation de l'homme* et *l'humanisation de la nature.* C'est là où cette philosophie du *rêver-en-avant* et du *pré-apparaître utopique*, fondée sur une *ontologie du non-encore-être*, va aussi à un moment donné s'intéresser à Marx, à sa philosophie sociale matérialiste, au fur et à mesure où elle s'identifiera aussi, progressivement, avec cette pensée de *l'émancipation sociale* : une société libérée de l'aliénation, de ses guerres, des injustices, des rapports maître-esclaves. Mais c'est avant tout et essentiellement – et c'est la raison pour laquelle la philosophie blochienne a été rejetée et méprisée par le marxisme orthodoxe et le stalinisme – une *philosophie du pré-apparaître utopique,* mais une pensée critique qui assume en même temps la critique de

---

[69] *Op.cit.*, p. 30 .

[70] Ernst Bloch, *L'Esprit de l'Utopie* (1923), trad. de l'allemand par Anne-Marie Lang et C. Piron-Audard, Gallimard, Paris, 1977, p. 203 sq.

l'économie politique, dans le sillage de Marx. Bloch ne nie pas sa nécessité, son utilité, pour une *philosophie de la praxis* humaine, émancipatrice et utopique : la sienne. Ce qui veut dire qu'il ne peut être considéré comme un philosophe *marxiste* que sous réserve, vu aussi l'impact énorme de la métaphysique et même de certains concepts mystiques (juives et chrétiennes) sur sa pensée.

XI. L'AFFIRMATION DE L'IDENTITE JUIVE

Mais revenons encore une fois au problème de l'inspiration proprement juive du jeune philosophe allemand. En ce qui concerne les racines et sources spécifiquement juives de la pensée blochienne de la première période, celle du jeune Ernst Bloch, auteur de *l'Esprit de l'Utopie (*1918/1923), il y a, répétons-le, pour l'essentiel, trois références aptes à nous éclaircir sur ce sujet :

(1)Le texte « *Symbole : les Juifs* »*(Symbol –Die Juden*), écrit à Heidelberg, en 1913, qui figure dans la 1ère édition de *L'Esprit de l'Utopie* de 1918, mais non plus dans la seconde de 1923, est sans nul doute la première manifestation littéraire et philosophique de l'attachement profond du jeune philosophe Ernst Bloch au judaïsme et à ses valeurs ; on y apprend – et c'est en même temps l'attestation d'une certaine influence du mouvement sioniste de Theodor Herzl, encore jeune à l'époque, sur la pensée du philosophe -, que « l'orgueil d'être juif s'est de nouveau réveillé », que l'assimilation n'est pas tout et qu'une des caractéristique du « peuple du livre » et de la Torah est cette grande *spiritualité* et ce penchant vers le *mysticisme* religieux dont la Kabbale est l'expression la plus parfaite, mais aussi en un sens le '*hassidisme'*, redécouvert et réanimé, entre autres, par les écrits de Martin Buber. Le jeune Ernst Bloch a incontestablement subi l'influence de ces deux courants, et aussi, mais à moindre degré, aussi celle du *sionisme,* car il est attesté, entre autres, dans sa *Correspondance avec Georges Lukacs*[71], qu'il a fait un don de 10 deutschmarks à la *Caisse Sioniste*, en 1911, et que pendant ses années d'études à l'université de Wurzbourg (en Allemagne), en 1907/1908,

---

[71] Cf. Ernst Bloch, *Briefe* (Correspondance)(1903-1975), vol. II, p. 118. (Lettre n° 60 du 19 juin 1913).

une étudiante juive (dont le nom était Tona Gelbert) ainsi que le rabbin Schlesinger lui ont fait connaître la Torah et le Talmud ainsi que les autres textes « classiques » du judaïsme, tandis que ses contacts ultérieurs avec Gershom Scholem et Walter Benjamin ont contribué à le familiariser avec les grands textes 'classiques' de la *Kabbale*, le *Livre Bahir* et le *Livre Zohar*. Bien sûr, il était aussi, pendant ses années d'études, lecteur des *Récits 'hassidiques'* de Martin Buber. On pourrait donc dire que ces contacts et influences ont beaucoup renforcé son *identité juive,* car ses parents - très assimilés et non religieux - ne l'avaient pas envoyé à l'école Juive, à la *Yeshiva*, de sa ville natale Ludwigshafen-sur-le Rhin, en Allemagne ; il n'a pas fait '*Talmud-Torah*', mais il a quand même fait sa *Bar Mitsvah*, à 14 ans, en 1899, à Ludwigshafen, une ville industrielle, comme il l'explique bien dans ses entretiens[72], habité par un prolétariat pauvre, et sans aucune vie culturelle importante…

---

[72] Cf. Ernst Bloch, *Rêve diurne, station debout & utopie concrète. (Ernst Bloch en dialogue)*(Entretiens avec José Marchand (1974), traduits, présentés et annotés par Arno Münster, Lignes, Fécamp, 2016, p. 20 sqq.

XII – MESSIANISME ET ESCHATOLOGIE DANS « L'ESPRIT DE L'UTOPIE

Comme Walter Benjamin, Ernst Bloch affirme la conviction d'un destin *messianique* de l'histoire. Comme pour l'auteur des *Thèses philosophiques de l'Histoire*(1940), l'eschatologie apocalyptique du judaïsme, avec son attente millénaire du 'meshiah'(messie) et son autre concept-clé qui est le 'tikkoun'(restauration, rétablissement de Royaume de Dieu, réforme salutaire du monde, rédemption du Mal), un concept-clé de la *Kabbale*, s'enchevêtre avec la vision eschatologique d'un destin salutaire final du monde, celle de *l'Apocalypse*, préparant le retour du Messie, l'anéantissement du Mal et la purification morale du monde. C'est exactement cette vision que déploie Ernst Bloch, dans le dernier grand chapitre de son premier grand livre *L'Esprit de l'Utopie (*1918), intitulé « Karl Marx, la mort et l'apocalypse ». Il suffit d'en citer une seule phrase : « Si toutefois l'appel au *Messie* a suffisamment de lumière pour attirer les mains salvatrices, pour assurer la grâce d'arriver au port, pour éveiller les forces bénéfiques vivifiantes du *Royaume du Shabbat*, et pour qu'ainsi l'incendie de l'Apocalypse brutal, satanique, asphyxiant, soit étouffé et surmonté à l'instant même de sa victoire[73] ». Autrement dit, 'l'ange de l'histoire' de la Kabbale, évoqué par Benjamin, ne regarde pas, chez Bloch, exclusivement vers le passé et vers l'histoire de l'humanité comme un « champ de ruines », comme chez Walter Benjamin, mais il porte aussi, avec sa chute, le « flambeau », la lumière de l'avenir. Il prépare et accom-

[73] Ernst Bloch, *L'Esprit de l'Utopie,* trad. A.-M. Lang, C. Audard, Gallimard, Paris, 1977, p. 328; Cf. Arno Münster, *Figures de l'utopie dans la pensée d'Ernst Bloch,* Aubier, Paris, 1985, rééd. Hermann, Paris, 2009.

pagne le *messie* dans sa victoire finale sur le Mal dans le monde.

XIII - L'INFLUENCE DE LA KABBALE

On trouve aussi, dans les écrits du jeune Ernst Bloch, et notamment dans *L'Esprit de l'Utopie*, un autre concept-clé de la Kabbale, celui de la *'schekhina'*, c'est-à-dire, celui de la *présence divine,* de la présence et de l'essence de Dieu, de l'Éternel, la croyance dans une possible identification du moi avec le Dieu caché, par l'acte méditatif mystique, ainsi que cet autre concept kabbalistique qu'est le « Ezem » (Selbst, le soi) qui réapparaît chez Ernst Bloch sous la forme, sous le concept de la « rencontre-de-soi-même », un des principaux leitmotivs de ce premier grand livre philosophique. En outre, la métaphore du *serpent* est aussi fréquemment évoquée par Ernst Bloch, dans ce même livre, conformément à la tradition *mystique juive kabbalistique* concernant ce symbole[74].

Il est vrai qu'Ernst Bloch, dans son œuvre de maturité (*Le Principe Espérance* (1959), s'est progressivement éloigné des vues mystiques de son œuvre de jeunesse, en opérant même, dans les années 1920, un tournant spectaculaire vers le matérialisme et le marxisme, dans le sillage de son ami *György Lukacs,* et sous l'influence de la philosophie sociale freudo-marxiste de *l'École de Francfort* (Adorno, Horkheimer...) ; mais il n'a jamais nié ou révoqué, officiellement, sous la forme d'une quelconque auto-critique, les thèses mystico-spiritualistes de son œuvre de jeunesse, notamment celles affirmées dans *L'Esprit de* l'Utopie (1918,1923).

---

[74] Cf. Arno Münster, *Figures de l'utopie dans la pensée d'Ernst Bloch,* Aubier, Paris, 1985, rééd. Hermann, Paris, 2009, p. 107 sqq.

XIV- PHILOSOPHIE DE LA RELIGION ET DE-THEOCRATISATION

Un des traits caractéristiques de la philosophie de la religion (des religions), d'Ernst Bloch est, incontestablement, qu'il insiste aussi beaucoup sur la *dé-théocratisation* de Yahvé, tout en soulignant, par exemple chez les prophètes d'Israël, notamment chez Esaïe, ce qu'il appelle « *la prédication subversive de l'apocalypse sociale* », en mettant en même temps en évidence que, suite à l'action des prophètes, l'image de *Yahvé* a été transformée ; il ne sera désormais plus un dieu « vengeur », exigeant obéissance et soumission, mais un *Dieu moral* et « le point focal de l'unité des justes de tous les peuples ». Comme il le souligne, entre autres, dans son livre *Athéisme dans le christianisme,* c'est progressivement, grâce à l'action des prophètes, que « le Dieu de la libération céda la place au Dieu de la moralité[75] ».

Dans cette pensée d'une *prophétie sociale* valorisant tous les gestes de révolte et d'insurrection morale contre l'injustice et l'ordre injuste imposé par les possédants et les gouvernants, la revalorisation de la figure de *Job* joue évidemment un rôle important sinon central.

C'est au cours de sa lecture du *Livre de Job* qu' Ernst Bloch s'efforce en effet de mettre en évidence la justesse des gestes accusatrices de *Job*, sa *rébellion* contre la LOI et Dieu et contre un ordre injuste, en bref, son athéisme, son geste révolutionnaire. Mais dans le chapitre du livre *Athéisme dans le christianisme,* consacré à « l'Exode dans la représentation de Yahvé. Dé-théocratisation », il constate que « tout en ne croyant pas en Dieu, *le rebelle lui-même a foi en Dieu ; il fait confiance au Yahvé de la sortie*

[75] Ernst Bloch, *Athéisme dans le christianisme,* tr. fr. G. Raulet, Gallimard, Paris, 1978, p. 124.

de l'Égypte et il lui conserve cette confiance alors même que les réifications mythologiques ont toutes été percées à jour, alors que la transposition spéculaire des seigneurs dans le ciel a perdu toute vertu. Le *Dieu* du *Livre de Job* n'apparaît dans le ciel que sous les traits de *Pharaon* ; et pourtant, Job l'incroyant est un homme pieux : parce qu'il ne croit pas. Sauf en *l'exode* et en *l'homme lui-même* et non plus au Seigneur tout-puissant[76] ».

[76] Ernst Bloch, Op.cit., p. 154.

XV. JESUS - LE MESSIE ?

Après avoir rappelé et critiqué le fait que les théologiens libéraux (Renan, Holtzmann, Wellhausen, Harnack) avaient tenté de détacher *Jésus* de ce *Messie* dont avaient rêvé les Juifs et d'une eschatologie politique, en faisant de Jésus l'annonciateur d'un royaume purement éthique, complètement extérieur au rêve apocalyptique des Juifs, et après avoir fait en même temps l'éloge d'Albert Schweitzer[77], pour avoir souligné que Jésus a bien « intégré l'éthique dans la perspective de l'eschatologie, en nourrissant une « énergie sociale venue du prophétisme nazaréen », Ernst Bloch met en évidence que « subjectivement, Jésus se considérait sans réserve comme le *Messie* dont parlait la tradition ; [mais] objectivement, il est celui qui a le moins poussé à se réfugier dans une *intériorité* qui ne se manifeste pas, à faire son trou dans l'attente d'un Royaume des cieux absolument transcendant[78] ».

Autrement dit, ce qui compte chez Jésus et mérite d'être mis en exergue, c'est cette « promesse d'un salut politique et religieux mettant fin à la misère concrète, ouvrant une ère de bonheur concret[79] ». Car, « dès le début de l'époque galiléenne », ne cesse de souligner l'auteur d'*Athéisme dans le Christianisme*, « *l'espérance eschatologique* constitue le fondement des sermons de Jésus[80] ». Les Évangiles ont, en conséquence, un double aspect : *social* et *eschatologique*. Par conséquent, le *sermon d'amour* de Jésus (Cf. le *Sermon sur la Montagne*) ne serait rien d'autre qu'une « prédication purement morale et

---

[77] Albert Schweitzer, *Das Messianitäts- und Leidensgeheimnis*, Munich, 1901.
[78] Ernst Bloch, *Op.cit.*, p. 164.
[79] Ibid.
[80] *Op.cit.*, p. 173.

sociale que lorsqu'il se préoccupe fraternellement d'agir pour ceux qui sont ses frères[81] ». C'est en citant les théologiens protestants Stauffer et Käsemann qu'il soutient que c'est « l'amour fraternel, la *Philadelphia*, le *communisme d'amour* qui [selon Jésus] devrait préparer au Royaume[82] ».

[81] *Op.cit.*, p. 174.
[82] Ernst Bloch, *Athéisme dans le christianisme*, tr. fr. G. Raulet, Gallimard, Paris, 1978, p. 175.

XVI. CRITIQUE DE LA THEOLOGIE PAULIENNE DE LA CROIX

La critique qui est faite par Ernst Bloch, dans ce contexte précis, à *l'apôtre Paul* est tout à fait caractéristique pour la démarche de la philosophie blochienne de la religion focalisant sur les aspects *eschatologiques, sociaux, politiques, morales* et même potentiellement « hérétiques » (par rapport à la Loi juive traditionnelle) dans les sermons et actions de Jésus. En « exhortant [dans ses épîtres], avec la plus grande conviction, « même les esclaves à obéir à leurs maîtres », et en faisant, par exemple dans *l'Épître aux Romains* et aux *Corinthiens*, la paix avec l'État, c'est bien la preuve d'un conservatisme chez l'apôtre Paul qui a « étouffé dans l'œuf sa propre eschatologie »[83]. Mais bien qu'il y ait ainsi, incontestablement, un « recul de la moralité chez saint Paul », son *eschatologie de l'espérance* aurait pu exciter quand même, notamment chez les montanistes et les anabaptistes, une « volonté d'Exode ou d'irruption dans le Royaume » qui est devenue subversive à l'égard de l'ordre politique et social dominant et des puissances dominantes[84] ». C'est chez Thomas Müntzer, le *théologien de la révolution*, ce contemporain révolutionnaire de la Réforme luthérienne qui, au XVIe siècle, avait incité les paysans allemands atrocement exploités par les seigneurs à la révolte, avec des citations des prophètes de l'ancien Testament, de Jésus et des Évangiles, que ce discours subversif a évidemment triomphé et trouvé son expression la plus adéquate dans l'histoire. Qu'Ernst Bloch lui ait consacré un ouvrage[85], publié en 1921, et qu'il l'évoque toujours, comme une

---

[83] *Op.cit.*, p. 177.

[84] *Ibid.*

[85] Ernst Bloch, *Thomas Münzer, théologien de la révolution,* tr. fr., Maurice de Gandillac, 10/18, U.G.E., Paris, 1968.

antithèse positive à l'égard de Luther et du *protestantisme libéral-conservateur*, dans ses divers courants, qui l'a finalement emporté sur ce courant révolutionnaire dans le protestantisme allemand, cela ne relève donc pas du tout du hasard.

Il n'est donc pas étonnant du tout que le vieux philosophe, passant, après son départ de Leipzig et de la RDA, en 1961, les dernières années de sa vie dans la ville universitaire de Tübingen, dans pratiquement tous ses dialogues avec les théologiens qui lui rendaient visite, ait placé la figure de Job et la *contestation de la théologie paulienne*, invitant les croyants à obéir aux autorités terrestres et à supporter les souffrances, au centre même de ces conversations. Il se mit ainsi, à partir des années 1960, incontestablement, à la tête d'un *dialogue* fructueux entre *marxistes* et *chrétiens*, en Allemagne Fédérale, qui culmina sans nul doute dans ses longues et grandes conversations avec le théologien protestant munichois Jürgen Moltmann[86], en 1965, dont l'enseignement était fortement marqué par l'impact de la lecture du *Principe Espérance* d'Ernst Bloch, et à tel point que cela l'inspirait même à esquisser lui-même une *théologie de l'espérance* destinée à encourager et à orienter les croyants vers une ouverture vers le monde politique et social et vers une prise de conscience réelle des problèmes économico-sociaux à l'échelle mondiale, sans que cela signifiât pour autant en même temps une adhésion réelle du théologien protestant aux thèses radicales (marxistes) de la *théologie de la libération*. Le but poursuivi par Moltmann qui, après la mort d'Ernst Bloch, en 1977, s'installera lui-même à

[86] Cf. Jürgen Moltmann, *Ernst Bloch : Messianismus und Marxismus. Einführende Bemerkungen zum 'Prinzip Hoffnung',in : Kirche in der Zeit n° 8, 1960;* du même auteur, *Jürgen Moltmann im Gespräch mit Ernst Bloch. Eine theologische Wegbegleitung*, Christian Kaiser Verlag, Munich, 1976.

Tübingen, en signe de solidarité avec le philosophe défunt (avec lequel il avait entretenu pendant de longues années des relations amicales), était plutôt de réconcilier le message libérateur de la *théologie de la libération* avec la tradition libérale du protestantisme, ce qui signifiait qu'en dépit de l'admiration qu'il avait pour le philosophe marxiste de Tübingen, il ne pouvait pas réellement le suivre sur le terrain de la critique radicale (blochienne) de la doctrine de l'apôtre Paul et de celle de Martin Luther qui avait violemment combattu et contesté les thèses et les actions révolutionnaires d'un Thomas Müntzer. Comme l'atteste de manière exemplaire le débat entre Ernst Bloch, Wolf-Dieter Marsch et Jürgen Moltmann, organisé, en 1965, à l'Académie évangélique d'Arnoldshain, la différence de vue entre Bloch et Moltmann s'exprime entre autres dans le fait que le théologien protestant allemand identifie toujours, contrairement à ce qui se passe chez Ernst Bloch, l'attente messianique du « nouveau » avec la *théologie de la croix*, avec la souffrance et « la patience de la croix », tandis qu'Ernst Bloch rejette assez catégoriquement cette *doctrine paulienne-luthérienne de la croix* en affirmant, dans ce même entretien, que « la croix est une provocation, et encore plus le doute de la croix(...) « Croix, croix – souffrance, souffrance, c'est le destin du chrétien », disait Luther. Il disait cela aux paysans en révolte, pour qu'ils ne se soulèvent pas, ces paysans qui gémissaient déjà assez sous la croix, en absence de la théologie paulienne de la croix. Et les esclaves qui ont été crucifiés dans la via Appia (je pense que 8000 crucifix avaient été érigés sur la via Appia, après la victoire sur Spartacus, n'avaient pas non plus besoin de la théologie paulienne pour savoir ce qu'est la croix. Mais Luther ne l'a pas dit aux Seigneurs...La question est alors de savoir, en vu du fait que nous en avons vraiment assez de cet usage très contre-révolutionnaire, restaurateur, conformiste et trompeur de la patience, si l'on ne devait pas être susceptible à l'égard des malentendus résultant de la morale de la théologie de la croix qui sont déjà visibles chez l'apôtre Paul qui veut aussi que les esclaves se tiennent tranquilles. Car, à la différence précisément du stoïcisme et aussi d'Aristote, le christianisme, avec ce positionnement *contre la révolte des esclaves*, s'est recommandé en tant que religion du royaume qui continuait à opprimer les esclaves. Ainsi, le christianisme est-il devenu la « religion du royaume », sous Constantin[87]. Dans sa réplique, Moltmann va finalement jusqu'à opposer la notion d'*Eschatologia Crucis* (eschatologie de la croix) à celle de *théologie de la croix,* en soulignant que « cela ne signifie nullement le devoir de supporter avec *patience* tout ce qui arrive, mais qu'au contraire *le nouveau* doit être attendu là où l'effroyable *puissance du négatif* devient surpuissante dans l'attente de ce « nouveau ex-nihilo » de la part de Dieu[88] ». Et il cite comme exemple les *mémoires* de Jean Améry[89] (*L'expérience de la torture*), où Améry, cet émigré juif allemand qui s'était réfugié en Belgique, pour échapper aux persécutions nazies, décrit l'expérience de sa propre *torture par la Gestapo*, dans la Belgique occupée, en 1943, un récit extrêmement émouvant qui s'achève par l'affirmation : « De là, personne ne peut jeter un regard sur un monde où règne le « Principe espérance » ». Selon Moltmann, la dimension morale de cette attente eschatologique n'est rien d'autre qu'un appel, une

---

[87] Ernst Bloch, "Gespräch über die Kategorie "Novum"(1965),in *Jürgen Moltmann im Gespräch mit Ernst Bloch,* Christian Kaiser-Verlag, Munich, 1976, p.55-56; republié in: Arno Münster (sous la direction), *Tagträume vom aufrechten Gang. Sechs Interviews mit Ernst Bloch*, Suhrkamp, Francfort, 1977, p.154-155.

[88] *Op.cit.*, p. 156.

[89] Cf. Irene Heidelberger-Leonhard, *Jean Améry.Revolte in der Resignation.Biographie*, Klett-Cotta, Stuttgart, 2004.

exhortation à « mettre fin à la pauvreté des pauvres » et à faire disparaître *la misère des torturés,* et en même temps un appel d'*avoir la force d'assumer la souffrance,* là où elle vous envahit de manière surpuissante, de sorte qu'on ne s'effondre pas, avec cette souffrance, dans l'absurdité, mais que cet être-là soit aussi un être-là comportant un sens[90] ». En bref, pour Moltmann, contrairement à Ernst Bloch, l'espérance eschatologique-messianique ne doit pas être limitée d'office à « l'action courageuse contre le négatif » ; car il existe aussi « une espérance grâce à laquelle on peut aussi aller vers le Néant[91] ». C'est à partir de ce constat que Jürgen Moltmann s'interroge aussi sur la question de savoir : « Est-il suffisant de vouloir intégrer le néant et la puissance du négatif en tant que « non-pas-encore » dans le « Principe espérance » ? Et il contredit explicitement Bloch, à propos de la théologie paulienne, en affirmant qu' « il ne pense pas que l'apôtre Paul voulait empêcher les esclaves de se révolter. » « Au contraire, dit-il, « il a créé une communauté composée d'esclaves et d'hommes libres. Certes, son but n'était pas l'abolition de l'esclavage, mais la création de conditions permettant que des esclaves, des hommes libres, des hommes et des femmes, des hommes des classes supérieures et inférieures, puissent vivre ensemble, dans une communauté où il n'y avait plus de différences [de classes] (...). C'était la première communauté vraiment internationale, sans frontières[92] »...

Mais cet entretien atteste aussi l'existence d'une autre divergence : le refus de Moltmann d' « adopter », comme le fait Ernst Bloch, Thomas Münzer comme antidote et vraie alternative salutaire (et révolutionnaire) à Martin Luther. Ainsi oppose-t-il, en bon professeur de théologie

---

[90] *Op.cit.*, p. 156.
[91] *Op.cit.*, p. 158.
[92] *Op.cit.*, p. 159-160.

protestante, profondément marqué par l'esprit de la réforme luthérienne, à la prophétie de Münzer d'une « descente du ciel vers la terre », pour réaliser la rédemption, sous la forme de l'avènement du royaume de la justice, de la liberté, de l'égalité et de la fraternité, l'idée, l'argument de Luther que la traversée de l'enfer (de la négativité absolue, de l'abandon de Dieu) par le crucifié débouche nécessairement sur *l'espérance.* Autrement dit, « rien n'est épargné au chrétien, même pas l'enfer, mais il peut le traverser (...). Un chemin lui est frayé, le cheminement de l'espérance à travers le Néant, à travers l'enfer, parce qu'il peut se réclamer, au milieu du néant, de Dieu, de cette puissance des possibilités illimitées[93] ». Ainsi, l'ambiguïté des positions de Moltmann, dans ses « affinités» affirmées avec la philosophie blochienne de l'espérance, atteste–t-elle aussi que l'influence exercée par Ernst Bloch sur la *théologie de l'espérance* de Jürgen Moltmann était bien limitée à la réception positive de *l'espérance eschatologique* de l'auteur du *Principe Espérance* et ne concernait pas du tout ni la doctrine luthérienne-paulienne de la souffrance (réaffirmée par Moltmann, avec quelques nuances, mais radicalement rejetée par Ernst Bloch) ni la *théologie de la croix* (theologia crucis) dans son ensemble.

[93] *Op.cit.*, p. 160-161.

XVII - LA RENCONTRE AVEC LE SOCIALISME RELIGIEUX DE PAUL TILLICH

Or, pendant son exil aux Etats-Unis (1938-1949), Ernst Bloch avait rencontré (de nouveau) un autre grand représentant de la théologie chrétienne protestante qui l'avait en revanche beaucoup plus influencé, avec ses écrits, ses sermons et ses enseignements : *Paul Tillich.* Tillich (1886-1965) avait enseigné de 1924 à 1933, comme professeur de théologie protestante, successivement, aux universités de Marbourg, de Dresde, de Leipzig et de Francfort (1929-1933). A cause de son opposition au nazisme, il avait été licencié de son poste de professeur de philosophie et de sociologie, à l'université de Francfort, en 1933, après l'arrivée au pouvoir d'Hitler, et contraint d'émigrer aux Etats-Unis, où la New York City Université l'a engagé comme *Visiting professor* de philosophie de la religion, à *l'Union Theological Seminary.* Fortement influencé, sur le plan philosophique, par les courants d'une philosophie ontologique existentielle (Heidegger...), Tillich s'était non seulement efforcé de faire, dans sa *Théologie systématique*, avec sa « méthode de la corrélation », une synthèse entre les symboles de la révélation chrétienne avec les problématiques existentielles formulées par la philosophie ontologique existentiale contemporaine, mais il avait aussi adhéré, sur le plan politique, en 1929, ensemble avec la plupart des adhérents de son groupe « Kairos » (le cercle fondateur du « socialisme religieux », créé à Berlin, en 1920), au *Parti social-démocrate allemand* (SPD), en s'exprimant clairement en faveur d'une *alternative socialiste* à la société capitaliste-bourgeoise. Dès ses toutes premières publications, c'est-à-dire, dès l'année 1919, il s'était clairement identifié comme « socialiste religieux » (religiöser Sozialist), en reconnaissant la philosophie sociale de Karl Marx et en affirmant, entre autres, que « *l'individualisme du capitalisme est incompatible avec l'éthique chrétienne.* »

Ernst Bloch l'avait rencontré, pour la première fois, personnellement, à Francfort, en 1931, lorsque Tillich était encore professeur de philosophie et de sociologie à l'université de cette ville. Assez vite, cette rencontre s'était transformée en une amitié qui devait encore se prolonger pendant toute la durée de l'exil d'Ernst Bloch et de Paul Tillich, jusqu'à la mort de ce dernier, à Chicago, en 1965. Rien n'illustre mieux l'intensité et la profondeur de cette amitié entre le philosophe et le théologien protestant que cette lettre adressée par Ernst Bloch à son ami appelé « Paulus » du 21 novembre 1944, écrite à Cambridge (État de Massachusetts) (près de Boston) où Bloch affirme, entre autres, avoir en commun avec Tillich les trois catégories les plus importantes de sa pensée : « Front », « Novum » et « Ultimum[94] ». Dans la même lettre, qui nous informe aussi que Paul Tillich était intervenu, personnellement, en faveur d'Ernst Bloch, pour qu'il puisse prononcer un cycle de conférences sur le « nazisme et la vision du monde national-socialiste », à la nouvelle « Adam's Social School » de Boston (la conférence payée 20 dollars !)), Bloch manifeste explicitement son grand intérêt pour la philosophie-théologie ontologico-existentiale et la théologie politique de Tillich, avec une référence directe au grand article intitulé « Existential Philosophy » que Paul Tillich avait publié, en 1944, à New York, dans le « Journal of the History of Ideas »(5e année, cahier 1)[95]. Réciproquement, l'intérêt de Paul Tillich pour

[94] Cf. Ernst Bloch, *Briefe (1903-1975)* , vol. 2, Suhrkamp, Francfort, 1985, p.827.

[95] Article republié dans le vol. IV des *Gesammelte Werke* (Œuvres choisies) de Paul Tillich, Stuttgart, 1961, p. 145-173. (Cf. Ernst Bloch, *Briefe* (1903-1975), vol. 2, Francfort, Suhrkamp, 1985, p. 829, note 12 en bas de page.

Ernst Bloch, *le philosophe de l'utopie,* est attesté, entre autres, par l'article « Utopie », figurant dans l'essai de Tillich intitulé « Der Staat seid Ihr » (*L'État, c'est vous-mêmes),* publié en 1931 (l'année où il a selon toutes les probabilités rencontré Ernst Bloch, pour la première fois, à Francfort), où, dans le cadre de toute une série de réflexions consacrées à « l'attente du tout autre » et du « tout nouveau », il évoque, après *l'Utopia* de Thomas More, explicitement *L'Esprit de l'utopie* de Bloch comme « force qui transforme la réalité. » « Il est », dit-il, « le ressort de tous les grands mouvements de l'histoire ; il est la tension qui tire l'homme de sa tranquillité et de ses certitudes et le plonge dans de nouvelles incertitudes, dans une inquiétude nouvelle. L'utopie est la force du nouveau[96] ». Dans un article intitulé « L'État comme attente et comme exigence », publié dans le recueil *« Religiöse Verwirklichung » (réalisation religieuse)* (de 1930), Tillich va même affirmer que « le 'Manifeste communiste' doit l'enthousiasme de son élan en bonne partie à « l'esprit de l'utopie » qui s'y exprime, malgré son refus du socialisme utopique[97] ».

Mais les convergences théoriques entre Bloch et Tillich sont loin de s'arrêter là ; elles concernent aussi d'autres domaines et d'autres concepts-clé de la philosophie et de la théologie, comme par exemple la « nature » ou bien le « kairos » (l'attente d'un monde meilleur, à l'avenir), la conception *humaniste* du socialisme, l'intérêt pour les peintres expressionnistes et la critique de la violence

---

[96] Paul Tillich, *Christianisme et socialisme. Ecrits socialistes allemands (1919-1931),* traduction de Nicole Grondin et Lucien Pelletier. Introduction de Jean Richard, Le Cerf, Labor et Fides, Presses Universitaires de Laval, Paris, Genève, 1992, p.474-475.

[97] Article republié in Paul Tillich, *Christianisme et socialisme. Ecrits socialistes allemands (1919-1931),* trad. N. Grondin et Lucien Pelletier, Le Cerf, Labor et Fides, Presses Universitaires de Laval, 1992, p.391, note 2 en bas de page.

fasciste et nazie[98]. Par conséquent, il ne serait pas faux d'en conclure que Bloch et Tillich étaient, certes, toujours dans l'affirmation de la particularité de chacun, comme c'était déjà le cas entre le jeune Bloch et le jeune Lukacs, entre 1910 et 1918, à partir de l'année 1931, en un sens également des « vases communicants », liés par une amitié profonde et indestructible qui, dans le second cas, se prolongea bien pendant toute la durée de l'exil du philosophe et du théologien protestant aux Etats-Unis, pratiquement, jusqu'à la mort de Paul Tillich (« Paulus »), à Chicago, en octobre 1965. La longue carrière universitaire américaine de Paul Tillich avait culminé avec sa nomination comme professeur de théologie à la *Harvard Divinity School (1955-1962)*, et a été complétée encore par son activité de professeur de philosophie de la religion à *l'université de Chicago* (de 1962 à 1965). Ses enseignements théologiques progressistes, exprimés et condensés dans sa grande *Théologie systématique*[99] (en trois volumes) et ses engagements politiques en faveur d'un *socialisme religieux* ne faisaient cependant pas l'unanimité, ni aux Etats-Unis, ni en Europe. Les milieux chrétiens conservateurs orthodoxes (très anticommunistes) accusaient, régulièrement, le théologien protestant allemand de « panthéisme » et même d' « athéisme », tandis que Martin Buber lui reprochait pour sa part sa position « transthéiste ». En outre, comme le souligne Jean Richard, dans son Introduction aux *Écrits socialistes allemands* de Tillich, deux autres mouvements théologiques populaires (plus puissants) ont fait échec au socialisme religieux : (a) le nationalisme religieux des « jeunes luthériens » conduits par Emmanuel Hirsch, et (b)

---

98 Cf. Paul Tillich, *Ecrits contre les nazis (1932-1935),* Le Cerf, Labor et Fides, Paris-Genève,1991.

99 Cf. Paul Tillich, *Théologie systématique,* 3 tomes, Labor et Fides, Genève, 1991-2010.

la « théologie dialectique » de Karl Barth qui tous deux étaient « mieux enracinés dans la tradition religieuse, sociale et politique » de l'Allemagne que le mouvement du 'socialisme religieux[100]. Le résultat était qu'après l'arrivée au pouvoir des nazis, en 1933, les adhérents du mouvement du socialisme religieux, persécutés, devraient choisir la clandestinité et finalement s'exiler, pour échapper à la déportation dans les camps.

Ernst Bloch, ayant été lui-même contraint de quitter l'Allemagne, en mars 1933, après l'ouverture des premiers camps de concentration par Hitler, a toujours considéré Paul Tillich, avec son groupe « Kairos », comme un ami et un allié important et fidèle parmi les théologiens, dans son combat pour *l'émancipation de l'humanité* de la servitude, de *l'exploitation* et de l'*aliénation* et pour un *socialisme « à visage humain »*. Il demeura jusqu'à sa mort, aux côtés des représentants de la *théologie de la libération*, en Amérique latine et en Europe, un des plus importants soutiens *théologiques* à sa philosophie de l'espérance.

Or, à part ces affinités et cette amitié, il existait cependant aussi quelques *différences* et *divergences* théoriques et *politiques* entre Tillich et Ernst Bloch. Politiquement parlant, Tillich était plutôt socialiste, à savoir un « socialiste de gauche », un « socialiste religieux » qui, après avoir participé à certaines activités de l'USPD (Parti social-démocrate indépendant) s'était opposé à la guerre et à la direction du SPD, mais aussi au Parti Communiste (KPD) auquel était reproché son « abandon de l'idéal et des moyens démocratiques » (J. Richard). Il avait adhéré, non sans certaines réticences, au SPD *(Parti Social-Démocrate Allemand)*, en 1929. Sa *théologie socialiste* était inspirée du courant du « socialisme religieux », fondé

---

[100] Cf. Paul Tillich, *Christianisme et socialisme. Ecrits socialistes allemands (1919-1931)*, Le Cerf, Labor et Fides, Presses de l'Université de Laval, 1992, p. LXXIX.,

en 1919 par le pasteur suisse-allemand Leonhardt *Ragaz* qui, pendant la grève des ouvriers, à Bâle, en 1919, avait soutenu la cause des travailleurs et qui avait milité pour une réforme de l'Église, dans un sens populaire et socialiste.(*Ragaz* était *socialiste*, mais très opposé en même temps aux bolcheviques et à Lénine). Inspiré par ce courant, Tillich et Mennicke avaient créé en 1920 à Berlin le « Cercle Kairos », composé de pasteurs progressistes, d'intellectuels et de sociologues qui comptait parmi ses membres, à part Tillich et Menicke (qui en assuraient la direction), aussi le sociologue Alexander Rüstow, le juriste Arnold Wolfers, les économistes *Adolf Loewe* (qui était un ami d'Ernst Bloch) et Heimann, l'exégète du Nouveau Testament Karl Ludwig Schmidt ainsi que les pasteurs Hans Hartmann, Wilhelm Loew et Günther Dehn[101]. L'intitulé « Cercle Kairos » avait été spécialement choisi par Tillich (à l'époque *Privatdozent* à la *Faculté de Théologie de Berlin* où ses enseignements portaient sur « Les fondements religieux et philosophiques des courants politiques[102] ») et par Menicke pour illustrer l'orientation philosophico-théologico-politique du cercle ayant adopté comme doctrine centrale le *socialisme comme « l'aube d'un âge nouveau.* » En 1930, ce cercle dont l'organe central étaient les « *Neue Blätter für den Sozialismus* » (Nouveaux Cahiers pour le socialisme) fut élargi par plusieurs jeunes *sociaux-démocrates* actifs dont J. P Mayer et Siegfried Landshut qui publiaient, en 1932, les *Manuscrits de 1844* de Karl Marx.

Dans son « *Rapport au Consistoire de la Marche de Brandebourg* »(1919), Paul Tillich avait déjà défendu et résumé les principes-guides de ce *socialisme religieux*

[101] Cf. Jean Richard, *Introduction à Paul Tillich*, in *Christianisme et socialisme. Ecrits socialistes allemands* (1919-1931), Le Cerf, Labor et Fides, Presses de l'université Laval, Paris, 1992, p. XIX.
[102] Cf. J. Richard, *Op.cit.*,p. XX.

(courant dont la naissance n'est pas sans rapport avec l'expérience négative de la *catastrophe* de la 1ère Guerre Mondiale (auquel Tillich avait participé en tant qu' aumônier de guerre), en soulignant que « l'esprit et l'amour chrétien dénonce un ordre social qui, consciemment et par principe, est érigé sur l'égoïsme économique et politique », et il réclame un nouvel ordre dans lequel le sentiment de la communauté serait le fondement de l'organisation sociale. Il dénonce « *l'égoïsme de principe de l'économie de l'entreprise privée et du profit*, dans laquelle chacun est l'ennemi de l'autre parce que l'augmentation de son gain dépend de la diminution du gain de l'autre ou de sa ruine », et il réclame une économie où « tous sont *solidaires* et trouvent leur joie non pas dans le gain mais dans l'ouvrage lui-même[103] ».

Ici, l'appel solennel en faveur d'une *économie solidaire*, mettant fin à l'exploitation et au profit, ne doit cependant pas être confondue avec une apologie de la *lutte des classes* (au sens du communisme) (qui est récusée) ni avec la volonté de *réforme sociale chrétienne* qui veut maintenir la forme fondamentalement *capitaliste* de la société, en éliminant seulement ses « pires abus » (Jean Richard). Il vise plutôt la « suppression des classes, des privilèges de l'éducation des possédants, ainsi que la suppression de la possibilité d'exploitation d'une profession par une autre[104]. » En dénonçant également le nationalisme et « l'égoïsme de principe des nations », il préconise plutôt, au nom de l'internationalisme, « la création d'une *conscience communautaire* liant les peuples

[103] Paul Tillich, *Rapport au Consistoire de la Marche de Brandebourg* (1919), in P.T., *Christianisme et socialisme,* p. 4 ; Cf. P. Tillich, *Gesammelte Werke* (Œuvres choisies), vol. XIII, Stuttgart, p. 154-160.

[104] *Op.cit.*, p. 5.

eux-mêmes[105] ». Il conteste aussi, en affrontant l'anti-cléricalisme radical de certains socialistes et en critiquant l'attitude de certains représentants de la social-démocratie hostiles non seulement à l'Église mais au *christianisme* et à la *religion* en général, que « *l'athéisme matérialiste* soit un phénomène constitutif du socialisme[106] » ; mais en même temps il s'adresse aussi à l'Église avec l'exigence de bien vouloir « adopter une attitude positive envers le socialisme et la social-démocratie[107] », en appelant à « prendre en considération que le *socialisme* n'est pas seulement l'affaire des *ouvriers* ; c'est un nouvel *idéal éthique* qui a des représentants dans tous les milieux et a une *validité éthique* dans tous les milieux[108]. » On peut en effet constater à ce propos une certaine influence exercée sur ce courant du *socialisme religieux,* d'un côté par les représentants intellectuels d'un *socialisme éthique*, comme par exemple le philosophe néo-kantien marbourgeois *Hermann Cohen*[109] qui prônait une synthèse entre la morale idéaliste kantienne et l'éthique du socialisme, et de l'autre, par le philosophe *austro-marxiste* Max Adler[110] qui s'efforçait, dans pratiquement tous ses écrits, d'unir et de « réconcilier » Marx et Kant.

Or, il y a certes quelques passages de la Thèse soutenue par Ernst Bloch sur les *Réflexions critiques sur Rickert et le problème de l'épistémologie moderne*[111] , à l'université de Wurzbourg, en 1908, qui attestent l'intérêt du jeune

---

[105] *Op.cit.*, p. 5.
[106] *Op.cit.*, p. 6.
[107] *Op.cit.,* p. 8.
[108] *Op.cit.*, p.9.
[109] Cf. Arno Münster, *L'Ecole de Marbourg. Le néo-kantisme de Hermann Cohen . Vers le socialisme éthique ?*, Kimé, Paris, 2004.
[110] Cf. Max Adler, *Kant und der Marxismus*, Berlin, 1904.
[111] Thèse universitaire publiée in : Ernst Bloch, *Tendenz-Latenz-Utopie* (vol. suppl. 17 aux Œuvres Complètes) (Gesamtausgabe)(GA), Suhrkamp, Francfort, 1978.

philosophe pour ce courant *éthique du socialisme*, mais, comme l'annonce déjà le tout dernier chapitre de *L'Esprit de l'Utopie (*1923) (« Karl Marx, la mort et l'apocalypse »), dans l'ensemble, Bloch semble être beaucoup plus fasciné par la *critique de l'économie politique de Karl Marx* et sa prophétie de *l'émancipation*, et de la *révolution sociale*, abolissant la domination du capital sur le travail, même si Bloch critique en même temps l'absence, dans cette critique de l'économie politique, de « l'âme et de la foi pour lesquelles on devrait faire de la place[112] », même s'il critique « l'athéisme vulgaire et indigent » et exige en même temps de « faire entrer la construction sociale à laquelle on a trop rogné les ailes, dans le monde de l'amour utopiquement supérieur de Weitling, Baader, Tolstoï, dans la puissance nouvelle des rencontres humaines chez Dostoïevski, dans l'adventisme de l'histoire de l'hérésie[113] ».

La grande différence significative de vues entre Bloch et Tillich se situe cependant non pas au niveau de l'acceptation (ou non) de Marx et de sa théorie de la lutte des classes mais au niveau de ce qui figurera bientôt comme le concept central et majeur de la pensée blochienne : le concept de *l'utopie*. C'est en opposant le concept de *théonomie* à *l'utopie* que Paul Tillich et avec lui tout le courant du *socialisme religieux* s'efforcent de donner un nouveau sens au *kairos*.

Ainsi, la *théonomie* est-elle définie, dans l'esquisse systématique des *Principes fondamentaux du socialisme religieux* 1923), comme une « synthèse concrète » : « La *théonomie* constitue le contenu (Inhalt) de la vision prophétique de l'histoire ; elle est la création dont on fait

---

[112] Ernst Bloch, *L'Esprit de l'Utopie* (Version de 1923, revue et modifiée), tr .fr. A.-M. Lang et C. Piron-Audard, Gallimard, Paris, 1977, p. 294.
[113] *Op.cit.*, p. 295.

l'expérience dans le *kairos,* à la fois comme donnée et comme exigée (comme s'étant approchée de nous). La *théonomie* est une situation où les formes spirituelles et sociales sont remplies du contenu de l'inconditionné, lequel est le fondement porteur, le sens et la réalité de toutes les formes. La *théonomie* est l'unité de la forme sacrée et du contenu sacré dans une situation historique concrète (…). Elle remplit les formes autonomes d'un contenu sacramentel. Elle crée une réalité à la fois sacrée et juste[114] ». Dans ce contexte précis, Tillich tient aussi à préciser que « la théonomie se distingue de l'utopie de l'autre monde tout autant que de celle de ce monde. L'*utopie transcendante*, le règne absolu de Dieu comme idéal concret, s'associe habituellement à l'attitude sacramentelle, tandis que *l'utopie immanente,* le règne accompli de la raison, est associée à l'attitude critique. *L'utopie transcendante* est plus profonde, pour autant qu'elle situe l'unité de la forme et du contenu dans le règne absolu de Dieu et que, pour cette raison, elle conçoit aussi la nature, fondement de toute réalisation de la forme, comme étant comprise dans la condition de perfection (…). Le *socialisme religieux* se distingue de l'utopie en ce qu'elle est une création individualisée, en ce qu'il naît de l'histoire concrète. Il désire la *théonomie, non pas une utopie rationnelle.* Or la *théonomie* maintient *l'individuel,* le *concret* et le *créateur*. Car le contenu ne s'unit à la forme que dans l'individu créateur, en s'appuyant sur le fondement naturel irrationnel[115] ». Autrement dit, pour Tillich, « le combat contre les puissances démoniques de la modernité bourgeoise n'a de sens que s'il est d'abord combat pour une *nouvelle*

---

[114] Paul Tillich, *Christianisme et socialisme. Ecrits socialistes allemands (1919-1931),* Le Cerf, Labor et Fides, P.U. de Laval, Paris, Genève, 1992, p. 174-175.
[115] *Op.cit.*, p. 175-176.

théonomie, et il n'a d'efficacité que s'il est soutenu par la foi et l'espérance d'un contenu nouveau (...). L'élément décisif, l'irruption nouvelle du contenu, n'est pas affaire de travail, mais est destin et grâce. La foi au *kairos* exprime la conscience d'être engagé dans ce destin, d'être touché par une irruption nouvelle de l'incondition[116] ». Comme le souligne Paul Tillich, dans son essai *Les principes fondamentaux du socialisme religieux*, « le socialisme religieux ne s'identifie pas à un mouvement culturel ou à un parti politique. Le socialisme religieux n'est donc pas identique au socialisme politique et ne forme pas un parti à côté de ce dernier. Il se nomme lui-même « socialisme » parce qu'il a repris à son compte, historiquement et substantiellement, la *critique socialiste antidémonique* et parce qu'il soutient la lutte politique du socialisme pour autant que celui-ci entend briser la domination des démonismes politiques et sociaux (...). Le socialisme religieux est la communauté de ceux qui se comprennent eux-mêmes comme *conscients du kairos* et qui luttent en faveur du destin, c'est-à-dire en faveur de la grâce de la *théonomie*. Ils peuvent travailler dans tout parti, toute confession, tout mouvement, pour autant que ces derniers leur permettent d'agir et de lutter contre les éléments démoniques qu'eux-mêmes abritent. C'est seulement ainsi que le *socialisme religieux* peut se préserver d'une objectivation prématurée et évite de devenir hétéronome et de succomber par là à sa propre critique[117] ». Pour Ernst Bloch, en revanche, l'utopie voire *l'utopie concrète* n'est pas la synthèse entre un contenu réel et un contenu irrationnel (transcendant) mais plutôt la réalisation – via la transformation des *images de souhait,* présentes dans la *conscience anticipante* - d'un *pré-*

---

[116] Paul Tillich, *Les principes fondamentaux du socialisme religieux*, p. 198-200.
[117] Paul Tillich, op.cit., p. 199-200.

apparaître utopique, dans l'immanence concrète. C'est le résultat de la transformation des *rêves diurnes* en une pratique ou une praxis émancipatrice, alternative et humaniste, réalisée avec l'aide de la catégorie « possibilité »[118].

Finalement, les divergences « amicales » de Bloch avec Paul Tillich concernent aussi l'engagement politique. Si Tillich, certes, avec beaucoup d'hésitations, avait adhéré au *Parti Social-Démocrate Allemand* (SPD), en 1929, après la grande crise économique mondiale (qui a tellement favorisé la montée du nazisme), en lui restant fidèle, aussi pendant son exil aux Etats-Unis, tout en conservant une certaine autonomie, Bloch avait une position beaucoup plus critique à l'égard de la *social-démocratie*, notamment à cause du fait qu'en août 1914, la fraction social-démocrate au Reichstag (le Parlement allemand) avait voté presque à l'unanimité les crédits de guerre à l'Empereur Guillaume II (à la seule exception du député Karl Liebknecht). Certes, Bloch évoque, dans son entretien avec Jean-Michel Palmier[119], son attachement, dès son adolescence, à la « ligne sociale-démocrate », à l'époque où il était encore lycéen, dans la ville allemande

---

[118] Cf. Ernst Bloch, *Le Principe espérance*, t. I, chap. 18 « Le différentes couches de la catégorie de la possibilité », trad. de l'allemand par Françoise Wuilmart, Gallimard, Paris, 1976, op.cit., p. 270 sq.

[119] Cf. l'entretien de Jean-Michel Palmier avec Ernst Bloch (1976), reproduit in Ernst Bloch, *Du rêve à l'utopie. Entretiens philosophiques. Textes choisis et préfacés par Arno Münster*, Hermann, Paris, 2016, p. 147. – Dans son entretien avec José Marchand, Bloch évoque aussi qu'il avait déjà pris contact, à l'âge de 14/15 ans, à Ludwigshafen, avec « les rédacteurs sociaux-démocrates qui lui ont fourni tous les protocoles des Congrès du SPD, avec les discours de Bebel et de Rosa Luxemburg… » Cf. Ernst Bloch, *Rêve diurne, station debout & utopie concrète (Ernst Bloch en dialogue)*(Entretiens avec José Marchand (1974)), traduits, présentés et annotés par Arno Münster, Lignes, Fécamp,2016, p. 28-29.

de Ludwigshafen (une ville industrielle, à forte implantation syndicale), mais il est indéniable que Bloch, soupçonnant la social-démocratie allemande d' « embourgeoisement », appuyait plutôt, pendant toute la durée de la Première Guerre Mondiale, l'USPD (les « socialistes indépendants » dont une fraction fondera en janvier 1919, sous la direction de Rosa Luxemburg et de Karl Liebknecht, le *Parti Communiste Allemand* (KPD)). Malgré une certaine distance critique qu'il manifestait tout d'abord à l'égard de *Lénine* et des bolcheviques, de 1917 à 1919, à l' époque où il écrivait, régulièrement, et très souvent sous un pseudonyme (« Jakob Bengler ») dans la « Freie Zeitung » (Journal Libre) de Berne (qui avait une orientation politique « pro-Entente » et francophile et qui était aussi financé, pour une grande partie, par l'ambassade de France en Suisse), il affichait, surtout après la « conversion » de son ami de jeunesse *Georges Lukacs* au marxisme, en novembre 1917, plutôt des *sympathies* pour les *communistes*, en réaction à « l'embourgeoisement » du SPD et apparemment aussi sous le choc de l'assassinat de Karl Liebknecht et de Rosa Luxembourg, le 21 janvier 1919, à Berlin, pour lequel le responsable du SPD pour les « affaires militaires » Noske avait une certaine responsabilité. (Il n'avait strictement rien fait pour empêcher les milices d'extrême droite (« Freikorps ») d'assassiner en plein cœur de Berlin les leaders charismatiques du mouvement ouvrier communiste allemand). Mais en même temps, ayant été très irrité par la manière dont le *Parti Communiste Hongrois* traitait son ami Georges Lukacs, après l'adhésion de ce dernier au Parti, en le contraignant à présenter à plusieurs reprises son « autocritique », pour ses « origines bourgeoises » et ses « déviations » théoriques de « la ligne du Parti » (notamment après la publication d' *Histoire et conscience de* classe (1923)), et tenant beaucoup à son indépendance intellectuelle face aux États-majors des Partis et leurs dirigeants, Bloch refusa de s'inscrire officiellement au 'Parti Communiste Allemand'(KPD), tout en conservant une attitude de « sympathisant ». (Il était « compagnon de route », à l'instar d'un Jean-Paul Sartre, face au PCF et au mouvement communiste mondial, de 1952 à 1956). En revanche, son épouse, l'architecte polonaise *Karola Bloch* née Piotrowska, avait adhéré en 1932 au KPD, où elle s'occupait prioritairement du « Secours Rouge », à savoir de l'organisme d'entraide du *Parti Communiste* destiné à venir au secours des travailleurs les plus durement touchés par la crise économique ; et pendant pratiquement toute la durée de l'exil d'Ernst Bloch aux États-Unis (1938-1949), elle avait aussi milité, inscrite sous un faux-nom, dans les rangs du *Parti Communiste des Etats-Unis.* Cependant, dans son livre *Héritage de ce temps* (Erbschaft dieser Zeit), publié en 1935, en Suisse (à Zurich) (livre *antifasciste* dont la thèse principale est la « non-contemporanéité » de la conscience des masses et des couches moyennes qui aurait favorisé la montée du nazisme), Ernst Bloch avait critiqué chez les communistes allemands la « sous-alimentation de l'imagination utopique » et leur « propagande inefficace » (notamment dans la période 1929-1933) contre l'assaut et le style de propagande du nazisme, en regrettant que les responsables communistes préféraient prononcer a priori des discours électoraux trop abstraits, « truffés de chiffres », tandis que les dirigeants nazis essayaient (avec beaucoup plus de succès) de tétaniser les masses et de déclencher leur enthousiasme, en présentant Hitler comme le « messie » des temps modernes, et en promettant un avenir meilleur pour une Allemagne souffrant énormément de la crise économique de 1929 et des effets négatifs du *Traité de Versailles*. Mais, exactement dans le même contexte, Bloch critiqua aussi l'attitude « trop molle » et trop

« pragmatique » des *dirigeants sociaux-démocrates* qui n'avaient pas hésité à imposer, étant au gouvernement, avec les centristes, dans les années 1920, des mesures impopulaires et *anti-sociales* qui les aliénaient trop des masses (et surtout des travailleurs).(Bloch était d'ailleurs, aussi sur le plan philosophique (Cf. sa critique de William James !) un des critiques les plus résolus et radicaux du courant *pragmatiste* dans la philosophie moderne et contemporaine). C'est en appuyant et en approuvant, dans un article publié en mars 1937, dans la revue « Die Neue Weltbühne » de Prague, les *Procès de Moscou* et notamment le Procès contre *Radek* et *Boukharine,* qui marqua en un sens le sommet des *purges staliniennes* visant l'opposition trotskiste et toute l'opposition de gauche en URSS, qu'Ernst Bloch a sans nul doute commis une des *plus graves erreurs politiques* de sa vie, vu que cela a permis à certains critiques de le classer et de le cataloguer comme « stalinien ». Se rendant compte de cette erreur, Ernst Bloch avait décidé d'écarter cet article du volume 11 de ses *Œuvres Complètes* (Gesamtausgabe)[120], publié en 1970, mais accusé par le germaniste et spécialiste de la littérature de l'exil Walter, dans un article publié, en décembre 1971, dans le journal « Frankfurter Rundschau », Ernst Bloch s'est vu tout à coup reprocher d'avoir voulu « censurer » a posteriori » ses écrits politiques des années 1930, pour « dissimuler » ses vraies vues politiques de l'époque ! Cette polémique avait suscité un vrai « tollé » et elle n'a pris fin qu'avec la republication, sous la direction d'Oskar Negt, chez le même éditeur Suhrkamp, en 1972, de ces articles controversés, dans le volume intitulé « *Vom Hasard zur Katastrophe. (Ernst Blochs politische Aufsätze* »). (Dans cette polémique, le grand spécialiste allemand de Marx

---

[120] Cf. Ernst Bloch, *Politische Messungen, Pestzeit, Vormärz*, Oeuvres Complètes, vol. 11, Suhrkamp, Francfort, 1970.

Iring *Fetscher* (lui-même adhérent du SPD, depuis 1946), était venu au secours d'Ernst Bloch, en le protégeant contre ces critiques violentes prenant prétexte de cet article de 1937 pour discréditer Bloch comme philosophe « stalinien »).

XVIII - ERNST BLOCH FACE AU REGIME DE LA RDA (HISTOIRE D'UNE DISSIDENCE)(1949-1961))

Dès son retour en Europe et son installation comme professeur d'histoire de la philosophie, à l'université de Leipzig (en Allemagne de l'Est), en 1949, Bloch s'est vu aussi reprocher par le même camp conservateur-libéral d'avoir été, du moins de 1949 jusqu'en 1956, donc, pendant sept ans, *le philosophe officiel* sinon la *figure de proue* de la RDA (qui s'appelait officiellement « Premier État antifasciste allemand des ouvriers et des paysans »), aux côtés de Bertolt Brecht (pour le théâtre), d'Anna Seghers et d'Arnold Zweig (pour la littérature) et de Hanns Eisler (pour la musique). (Eisler, un disciple d'Arnold Schönberg, était aussi le compositeur le l'hymne national de la RDA). Or, il est indéniable que pendant les premières années de son séjour en RDA, Bloch avait en effet accepté ce rôle, en manifestant un comportement plus ou moins « loyal » à l'égard du régime communiste (qui lui avait même décerné, en 1955, le « Prix National de la RDA », la plus haute distinction du pays). Mais il est aussi incontestable, comme nos propres recherches biographiques[121] l'ont montré, qu'il avait dès le début aussi observé une assez grande méfiance à l'égard des dirigeants staliniens du régime et surtout à l'égard de *Walter Ulbricht,* le Premier Secrétaire du parti SED (le parti unique), un des « élèves modèles » les plus fidèles de l'Union Soviétique et de Staline, dont il refusait de fêter l'anniversaire, à partir de l'année 1953. Et cela allait de pair, sur le plan philosophique, avec de fortes réserves exprimées par le philosophe de « l'utopie concrète » et de

[121] Cf. Arno Münster, *L'utopie concrète d'Ernst Bloch. Une biographie,* Kimé, Paris, 2001, pp. 234 sq.

« l'espérance », à l'égard de la « russification » du marxisme qu'il considérait comme un « révisionnisme ». Contre ce qu'il appelait « le marxisme (dogmatique) de la voie étroite » (« Schmalspurmarxismus »), celui pratiqué et officiellement enseigné en *Union Soviétique* et dans ses pays satellites, comme la RDA, il opposait toujours un « marxisme ouvert », « non-dogmatique », un marxisme prêt à « l'expérimentation » (cf. *« Experimentum Mundi »(1*975), en bref, un « marxisme humain », en identifiant le *socialisme* non pas avec le pouvoir froid et bureaucratique des « apparatchiks » du parti unique et un système totalitaire, mais avec une société vraiment nouvelle, égalitaire et fraternelle, celle de « demain. » Or, selon les propos que le philosophe nous a tenus, à Tübingen, en 1963, deux ans après son départ de la RDA, « la RDA–ce n'était pas le socialisme », mais plutôt une *perversion bureaucratico-totalitaire* de celui-ci, instaurée par *l'Union Soviétique* et son « parti-frère » est-allemand. Selon Bloch, le *socialisme* ne devrait pas être réductible à la seule socialisation des moyens de production et à l'instauration d'une économie planifiée, dirigée par les apparatchiks. Il devrait aussi incarner une autre *morale* et tenter d'instaurer une *communauté humaine solidaire et fraternelle*. (Sur ce point précis, il y avait une assez grande convergence de vues entre lui et les représentants du *socialisme religieux*, comme Paul Tillich). Sa rupture avec ce régime et ce système, intervenue, officiellement, en novembre 1956, au moment de *l'insurrection populaire hongroise* et de sa répression sanglante par les chars russes, envahissant la ville de *Budapest,* était donc pré-programmée, et elle ne pouvait - selon la logique du système auquel il avait affaire - se terminer que par le licenciement d'Ernst Bloch de son poste de professeur d'histoire de la philosophie à « l'université Karl Marx » de Leipzig, par la suspension de ses cours magistraux et séminaires, à partir d'avril (semestre d'été) 1957, et sa mise à la retraite anticipée, à partir du 1er août 1957. Comme les *Archives de la Stasi* (police politique secrète de la RDA), à Berlin-Est, l'ont révélé, le régime, à savoir le Procureur Général de la RDA, avait même, déjà à partir de décembre 1957, sur ordre de Walter Ulbricht, préparé en secret un *Procès contre « Socrate »*, donc contre Ernst Bloch, accusé de « révisionnisme », de « mysticisme », de « déviation idéaliste » etc., dans le sillage et la continuité de l'arrestation, de la persécution et de la condamnation du groupe communiste oppositionnel de Wolfgang HARICH (professeur de sociologie à l'université Humboldt de Berlin-Est) avec qui Ernst Bloch dirigeait ensemble la « Deutsche Zeitschrift für Philosophie » (Revue allemande de philosophie). Or, Harich et tous les membres de son cercle (composé majoritairement d'universitaires et d'éditeurs) avaient été arrêtés en novembre 1957, suite à l'intervention personnelle de Harich auprès de Walter Ulbricht au cours de laquelle il avait *exigé la démission d'Ulbricht,* comme *Premier Secrétaire du Parti* et Président du *Conseil d'État de la RDA* et une *démocratisation du régime.* Arrêté le lendemain de cette rencontre, dans la nuit et le brouillard, Harich a été condamné à 10 ans de prison ferme pour « conspiration contre l'État », et à cause de ses liens et son amitié avec Harich, Bloch risquait à peu près la même condamnation, après avoir été de plus cloué au pilori, idéologiquement et politiquement, comme « révisionniste », dans une série d'articles très critiques à l'égard de sa philosophie marxiste « humaniste », publiée dans le quotidien « Neues Deutschland » (l'organe officiel du parti SED), en décembre 1956. Ce procès aurait dû avoir lieu, à Leipzig, en avril 1957, mais grâce à l'intervention de plusieurs membres du Comité Central et du Bureau Politique du Parti communiste (SED) au pouvoir à Berlin-Est (dont certains, comme Kurt Hager, s'opposèrent à cette mesure, par crainte que le « prestige international » de la RDA fût terni et atteint par un tel procès), le procès fut ajourné, puis annulé, définitivement. Bloch fut alors condamné à une sorte d' « exil intérieur », en RDA, isolé et placé sous surveillance politique permanente, à son domicile à Leipzig, comme pratiquement tous les autres dissidents, pendant encore quatre ans, jusqu'à son départ définitif (sans retour) vers la *République Fédérale d'Allemagne*, en août 1961.

Avec sa position d'ouverture et de dialogue entre marxistes et chrétiens, Bloch avait été très isolé en RDA ; car le « système Ulbricht » qui prenait pour modèle les campagnes antireligieuses déclenchées par Staline, à partir de 1925, en Union Soviétique (qui avait conduit à la fermeture massive des Églises russes-orthodoxes et à la persécution des prêtres et des fidèles, au nom de *l'athéisme* et de la « *vision du monde scientifique du marxisme-léninisme* »), se refusait a priori à ce dialogue, préférant régler le contentieux avec l'Église, sans aucun dialogue, sans aucune négociation, avec des mesures administratives bureaucratiques *autoritaires*. Ainsi, l'enseignement de la religion (protestante et catholique) fut interdit, dans les écoles de la RDA, au nom de la *séparation des Églises et de l'État.* Les cultes – autorisés - étaient surveillés par les agents de la police politique secrète (« Stasi »), des pasteurs, des curés et des croyants manifestant ouvertement leur hostilité au régime et au « socialisme » étaient arrêtés. Après l'échec de la révolte des ouvriers de Berlin-Est du 17 juin 1953, réprimée par les chars soviétiques, une vague de répression sans précédent frappa aussi les Églises de la RDA et surtout ceux parmi les croyants qui avaient participé à cette révolte. Ce n'est qu'en 1978, dix-sept ans après la construction du mur de Berlin, qu'une première rencontre entre représentants de l'Église protestante allemande de la RDA et Erich Honecker, comme président du *Conseil d'État*, après le départ de Walter Ulbricht, eut lieu, à Berlin-Est. L'Église de l'Allemagne de l'Est, cherchant avant tout à préserver le contrôle de ses institutions, se réconcilia pourtant, lentement et progressivement, avec le régime, en faisant preuve d'une certaine loyauté (de principe), tout en continuant à défendre les valeurs chrétiennes (conservatrices) et à célébrer le culte, le dimanche, le baptême, la « confirmation » protestante et les fêtes chrétiennes. C'est pour limiter l'influence de l'Église sur les citoyens de la RDA (à 75 % de religion protestante) que le régime institua la « Jugendweihe » (Le Sermon de la Jeunesse), dans le but évident de substituer la « confirmation » (« la première communion » protestante). Cela provoqua un grave conflit entre l'Église protestante (qui refusait cette substitution) et le régime communiste, mais à long terme l'effet de cette mesure (plutôt impopulaire) était qu'il y avait en effet, dans les années suivantes, en RDA, de moins en moins de « candidats » pour la confirmation. Craignant des représailles, comme par exemple la non-admission des adolescents « confirmés » à l'université (une menace prononcée par le gouvernement de la RDA), beaucoup de protestants se pliaient ; l'athéisme et l'agnosticisme progressaient lentement dans la société civile de la RDA.

Pendant les sept ans où Bloch enseignait comme professeur de philosophie à l'université de Leipzig, il était tellement occupé et pris par la préparation et la rédaction des quatre volumes de ses « *Cours de philosophie de Leipzig* » qu'il n'intervenait pas publiquement dans ce conflit de l'Église avec l'État de la RDA ; ce n'est qu'après la suspension de ses enseignements, en 1957, par la direction du Parti et de l'État et après son départ de l'Allemagne de l'Est, en 1961, qu'il se consacra à la rédaction de son livre *Athéisme dans le christianisme*, un livre écrit entre 1964 et 1967, à Tübingen, et ayant comme fondement les cours de « philosophie de la religion », professés à l'université de Tübingen qui l'avait accueilli, en août 1961, comme *réfugié politique de la RDA,* et installé comme professeur invité de philosophie (avec un « statut spécial »), à partir du semestre d'hiver de l'année 1961-1962. C'est là que commença réellement son *dialogue* avec les chrétiens, un dialogue encouragé par les nombreux théologiens qui, après son installation à Tübingen et après la publication de son chef d'œuvre *Le Principe Espérance* (en trois volumes, par les éditions Suhrkamp, en 1959), commencèrent à s'intéresser sérieusement à sa philosophie de l'espérance….

XIX - L'ACTUALITE D'ERNST BLOCH, AUJOURD'HUI

L'actualité du *Principe Espérance*, son œuvre majeure, sa grande trilogie philosophique, écrite pendant son exil aux Etats-Unis, de 1938 à 1949, et publiée en 1959, c'est que ce livre nous rappelle, aujourd'hui, où nous vivons une autre époque, une époque qui est surtout marquée par la crise *écologique*, la crise des *migrants* et par les effets de la *mondialisation*, ainsi que par une certaine désespérance des masses face au chômage, à la précarité et la pauvreté, une situation qui incite autant de gens à se laisser séduire par un vote extrémiste, souverainiste et xénophobe, motivé par la peur des réfugiés, des islamistes radicaux et des terroristes, - qu'il *n'est jamais trop tard pour espérer (* !) et que *l'espérance*, comme Ernst Bloch la comprend, c'est-à-dire comme *'docta spes'*, n'est pas la confiance aveugle dans l'avenir ou dans l'action des hommes politiques, mais un travail lucide, en pleine connaissance des réalités difficiles de ce monde, de ses contradictions et de ses injustices, en faveur de la *transformation humaine du monde et de la construction d'un monde meilleur* ; ce qui présuppose que nous soyons capables de réaliser nos 'rêves diurnes' et de transformer les *images de souhait* de notre conscience (Ernst Bloch parle de « conscience anticipante ») en une *praxis* créant une alternative plus humaine, plus juste aux dures réalités de ce bas monde. En ce sens, c'est aussi un appel à la résistance contre le Mal, contre toutes les forces obscures du *ressentiment* et de la *haine*, contre le fascisme (mouvement ascendant à son époque, avec la montée de puissance du fascisme hitlérien, en Allemagne, et celui de Mussolini, en Italie), et, bien sûr, contre *l'antisémitisme* qui ces dernières années a connu une recrudescence dangereuse, aussi ici en France, et qui constitue toujours une menace, comme l'attestent, entre autres, l'agression récente contre un enseignant juif, à Marseille, l'attentat terroriste contre le magasin « Hyper-Cacher » de Paris (en novembre 2015), l'assassinat des écoliers juifs à l'école « Oza Torah » de Toulouse et/ou l'ignoble assassinat d'une femme juive âgée de 85 ans, dans son appartement, dans le 11e arrondisement de Paris, en mars 2018.

XX - LA DIMENSION ECOLOGIQUE (LA PHILOSOPHIE BLOCHIENNE DE LA NATURE)

L'autre aspect de son actualité, c'est, incontestablement, la dimension écologique de sa pensée ; car, dans sa *philosophie de la nature* qui a subi une forte influence de *Schelling*, à savoir du *jeune Schelling* dont les œuvres avaient déjà été lues par Ernst Bloch, pendant ses années de jeunesse, dans la grande bibliothèque du château de Mannheim (ville bourgeoise résidentielle, située en face de sa ville natale de Ludwigshafen, sur la rive droite du Rhin), Ernst Bloch postule une nécessaire et souhaitable *unité dialectique de l'homme et de la nature* ainsi que l'abandon de ce qu'on appelle aujourd'hui *l'anthropocène*, c'est-à-dire de la domination et de l'exploitation des forces et ressources naturelles par l'homme, défini par Descartes comme maître absolu de la nature et de ses ressources, donc, une unité dialectique et productive de l'homme et de la nature où « la conscience humaine est l'œil et en même temps l'organe théorético-pratique de la matière », comme Bloch le souligne, entre autres, dans son livre sur Hegel, *Sujet-Objet. Eclaircissements sur Hegel* (Gallimard, Paris, 1981, p. 44.). Son objectif est la *naturalisation de l'homme et l'humanisation de la nature,* dont avait déjà rêvé Marx, dans *l'Introduction à la critique de la philosophie hégélienne du droit* et une véritable alliance de l'homme avec la nature. C'est la *co-productivité d'un sujet possible de la nature* (Natursubjekt) avec le *sujet humain* qui devrait rendre possible (c'est cela la quintessence de la pensée écologique d'Ernst Bloch !) cette alliance nouvelle et salutaire avec la nature.

XXI. L'UTOPIE CONCRETE

Dans sa grande conférence prononcée à Trèves[122], en mai 1968, Ernst Bloch a défini *l'utopie concrète*, le concept-clé et central de sa pensée, comme un vrai *humanisme*, comme un fondement de l'utopique dans le concret-ouvert de la matière de l'histoire, dans la *nature-matière* elle-même, en tant que possible objectif-réel qui entoure le réel d'une énorme latence, en attribuant la vraie potentialité du monde à la puissance de l'espérance humaine. En ce sens précis, l'utopie concrète implique le « novum » d'un matérialisme utopico-dialectique, afin qu'il ne ferme pas les perspectives de l'avenir messianique.... *L'utopie concrète* est donc délibérément choisie par Ernst Bloch comme contre-concept à *l'utopie abstraite*, par exemple celui des philosophes utopiques du 16e au 19e siècle, de Thomas More à Charles Fourier, qui sont pour l'essentiel des projections abstraites de l'esquisse d'un État meilleur où règnent la justice, l'égalité et la fraternité, ou bien sur une île lointaine (comme par exemple *l'Utopia* de Thomas More)(1516) ou sur une communauté idéalisée d'humains associés par leurs passions, comme dans le *phalanstère* de Charles Fourier. Il y a eu, en France, des architectes (Roland Castro) qui se sont inspirés de ce concept blochien d' « utopie concrète » pour leurs plans de construction des villes du futur...(1)

---

[122] Ernst Bloch, « Marx, aufrechter Gang, konkrete Utopie. »(Discours prononcé au Théâtre Municipal de Trèves, le 18 mai 1968, à l'occasion du 150e anniversaire de la naissance de Karl Marx, in E. Bloch, *Politische Messungen, Pestzeit, Vormärz*, *Œuvres Complètes* (GA) vol. 11, Suhrkamp, Francfort-sur-le-Main, 1968, p. 445 sq. ; Cf. aussi A. Münster, *L'utopie concrète d'Ernst Bloch. Une biographie*, Kimé, Paris, 2001, p. 20 sq.

XXII - ATHEISME ET CHRISTIANISME DANS LA PHILOSOPHIE BLOCHIENNE DE LA RELIGION[123]

La publication du livre *Athéisme dans le christia-nisme (De la religion de l'exode et du Royaume)*[124], en 1968 (l'année de la grande révolte étudiante en France et en Allemagne) a été un événement si important que Ernst Bloch qui avait définitivement quitté l'Allemagne de l'Est, en août 1961, quelques jours seulement avant la construction du Mur de Berlin, et qui avait commencé à enseigner de nouveau, avec le « statut spécial » d'un « professeur invité à vie », à l'université de Tübingen, à partir du mois de novembre 1961, devint tout à coup très connu, non seulement en Europe mais dans le monde entier, grâce au grand écho et au grand nombre de réactions (positives et négatives) qu'il avait suscités, particulièrement, parmi les *théologiens protestants* allemands (Moltmann, Ratschow...), et aussi parmi les *théologiens catholiques* du courant (dissident) de la « théologie de la libération » (Leonardo Boff, Gustavo Gutierrez, Ernesto Cardenal, etc.) A vrai dire, il s'agissait là, avec ce livre, du troisième « volet » et pilier de la philosophie blochienne de la religion, dont le premier était constitué par le livre *Thomas Münzer, théologien de la révolution* (1921) (une monographie « militante », consacrée au grand rival de gauche de Martin Luther), et le

---

[123] Texte modifié et complété (augmenté de 15 pages) d'une *conférence* prononcée le 17 juin 2017, en Anglais, à la Faculté de Théologie et des Sciences Religieuses de l'Université de Groningue, en Hollande, à l'occasion du colloque « Religion and Socialism » , organisé par Todd Weir. (Traduit de l'anglais par l'auteur, A.M.)

[124] Cf. Ernst Bloch, *Athéisme dans le christianisme. (De la religion de l'exode et du Royaume), t*rad. de l'allemand par Gérard Raulet, Gallimard, Paris, 1978.

deuxième par le grand chapitre 53 du troisième volume du *Principe Espérance (*1959)[125], consacré aux fondateurs des trois grandes religions monothéistes (Moïse, Jésus et Mohammet). Ce livre est non seulement le résultat de longues études - étalées sur plusieurs décennies – concernant notamment le problème d'une autre interprétation et lecture plus *progressiste* de la bible (qui avait déjà été exigée par Spinoza) et de la lecture attentive des ouvrages respectifs de théologiens protestants de la première moitié du XXe siècle, tels que Bultmann, Albert Schweitzer, Wellhausen et Paul Tillich, mais aussi de longues conversations et entretiens personnels consacrés à la philosophie de la religion et au rapport socialisme/marxisme/religion, comme par exemple avec *Paul Tillich,* représentant protestant (atypique) d'un *socialisme religieux* avec lequel Ernst Bloch avait noué une bonne amitié, pendant ses années d'exil aux Etats-Unis, entre 1938 et 1949. [Paul Tillich[126] avait choisi l'exil aux Etats-Unis (New York), après la suppression par les nazis de sa chaire de 'philosophie et de sociologie', à l'université de Francfort, en 1933. Il avait été, en 1919, le co-fondateur du groupe « Kairos » de Berlin, dont les membres s'étaient engagés en faveur d'un *socialisme religieux.* En 1929, Tillich avait (avec quelques réserves) adhéré au *Parti Social-Démocrate Allemand* (SPD)]. Si *Athéisme dans le christianisme* a été considéré par certains, à tort, comme un livre « provocateur », c'est sans nul doute à cause de la rupture avec l'orthodoxie chrétienne (des deux Églises) qu'expriment les thèses et les argumentations de ce livre extraordinaire, et sûrement aussi à cause de la réception plutôt sceptique qu'a connu ce livre, notamment dans les

---

[125] Cf. Ernst Bloch, *Le Principe Espérance*, t. III (« Les images de souhait de l'instant exaucé »), trad. de l'allemand par Françoise Wuilmart, Gallimard, Paris, 1991, p. 383 sq.

[126] Cf. le chapitre XV du présent ouvrage, op.cit.p. 44 sqq.

rangs des chrétiens conservateurs et traditionalistes. Seuls les partisans et adhérents de la « théologie de la libération », en Europe et en Amérique Latine, avaient salué avec enthousiasme la parution de l'ouvrage, alors que sa réception en Europe a été mitigée (y compris dans le camp des protestants « progressistes »). Il va de soi que l'affirmation solennelle d'Ernst Bloch, dans ce livre, que *« seul un athée peut être un bon chrétien et seul un chrétien un bon athée »*[127] n'a pas été bien acceptée, même pas parmi ceux des théologiens protestants qui manifestaient quand même, malgré quelques critiques, une certaine compréhension à l'égard de la pensée eschatologique blochienne, comme par exemple Carl-Heinz Ratschow[128].

Nicolas Lezard déclare, entre autres, dans un article publié après la sortie du livre, en traduction anglaise, à Londres, en juillet 2009, que « l'idée (l'intention) centrale de Bloch était *l'utopie* qui est ici défendue non pas comme une idée prescriptive mais comme une recherche orientée vers la mise en évidence de l'analyse critique faite par la *vraie religion* de la nature oppressive de la société[129] ». De toute évidence, un des objectifs qu'Ernst Bloch s'était fixé, en rédigeant ce livre, portant le titre provocateur *Athéisme dans le christianisme*, était de « déranger » aussi le *consensus* dominant concernant la lecture et l'autorité des textes et références bibliques, chez la plupart des chrétiens conservateurs et de leurs représentants officiels, dans l'Église Catholique et Protestante, et de les confronter avec l'exigence – déjà formulée par Spinoza, dans le *Traité de Théologie Politique* (TTP)) et portée

---

[127] Ernst Bloch, Op.cit.

[128] Cf. Carl Heinz Ratschow, *Atheismus im Christentum. Eine Auseinandersetzung mit Ernst Bloch*, Gütersloh, 1972.

[129] Cf. Nicolas Lezard, recension poubliée in “The Guardian”, Londres, 25 juillet 2009.

aussi, au 16e siècle, par Thomas Münzer, le premier « théologien de la révolution », à l'époque de la Réforme luthérienne – qu'une *autre lecture* –émancipatrice et critique – de la bible est tout à fait possible et qu'il soit aussi tout à fait légitime d'articuler cette nouvelle lecture de *l'Ancien et du Nouveau Testament* avec une recherche destinée à déterminer prioritairement ce qu'il dénomme les « éléments athées et matérialistes » dans certains textes bibliques qui ont été délibérément ignorés sinon effacés par la théologie officielle. Tout cela devrait permettre de considérer non seulement Ernst Bloch comme « le plus productif des hérétiques dans le marxisme du XXe siècle » selon Oskar Negt, mais aussi comme le « plus hérétique » parmi les lecteurs et interprètes de la bible, après *Baruch Spinoza* (1632-1677) qui, ne l'oublions pas, avait été excommunié par le *rabbin Morteira* de la communauté juive d'Amsterdam, à cause de son désaccord et de sa critique des dogmes théologiques du *Judaïsme* et surtout à cause de sa défense de la liberté, de la rationalité, de la démocratie et de la « joie du savoir », c'est-à-dire à cause de son engagement inébranlable – en tant que philosophe rationaliste, précurseur des « Lumières » - en faveur de *l'émancipation de l'humanité* de la *servitude* et de la *tyrannie*. Comme Ernst Bloch le souligne, dans son entretien avec Bernd Stappert (1974), cette lecture *autre*, *critique* de la bible avait trouvé une certaine continuation, dans la France du 18e siècle, chez *Jean Astruc*, qui a été le premier à faire une claire distinction entre deux rédacteurs de la bible, à savoir le « Yahviste » et l' « Elohiste », ainsi que par certains théologiens protestants allemands du 19e et du 20e siècle, comme par exemple Wellhausen. C'est dans son entretien avec Bernd Stappert qu'Ernst Bloch constate contrairement aux intentions de Rudolf *Bultmann* (le célèbre théologien protestant de Marbourg, défenseur d'une *théologie dialectique)*, que son propre objectif n'était pas la *démythologisation* de la bible ou de Dieu (Yahvé), mais plutôt la *déthéocratisation,* s'accompagnant de l'effort de mettre en évidence ce qui est vraiment « humain » dans la représentation de Dieu. Ainsi affirme-t-il : « Le livre *Athéisme dans le christianisme* est l'effort d'élever la critique de la bible du niveau purement philologique à la signification d'une vision politique du monde. Il est directement dirigé contre l'affirmation de Luther. Ils doivent absolument respecter la parole écrite. (...). C'est une lecture critique de la bible pour des raisons non-philologiques[130] ». Ce n'est pas non plus un « hasard » qu'Ernst Bloch ait dédié ce livre non pas à un théologien mais à Adolf Lowe, un spécialiste de l'économie politique, qui avait cependant appartenu au Cercle « Kairos » de Berlin, autour de Paul Tillich, dans les années 1920, et avec lequel Bloch a entretenu une correspondance[131], pendant son exil aux Etats-Unis. Concrètement, cela ne signifie rien d'autre que sa propre « lecture critique » de la bible est guidée par l'intention de sélectionner, d'extrapoler et de souligner en même temps tous les textes et passages de la bible qui pourraient être interprétés comme un refus de la justification de l'oppression des pauvres et des faibles. Son objectif est de mettre en évidence cette « activité subversive » qui avait émergé, entre autres, d'une manière spectaculaire, pendant la *Guerre des Paysans Allemands,* au XVIe siècle, où la

---

[130] Cf. "Vom Sinn der Bibel. Religion ohne Aberglauben?" (Entretien avec Bernd Stappert), in R. Traub/ H.Wieser (édit.), *Gespräche mit Ernst Bloch*, Francfort, Suhrkamp,1975, p. 177. (Cet interview ne figure pas dans le volume d' Ernst Bloch « Du rêve à l'utopie » (Entretiens philosophiques), Textes choisis, traduits et préfacés par Arno Münster, Hermann, Paris, 2016.)

[131] Cf. Ernst Bloch, *Briefe (Correspondance),* édit. par Karola Bloch et alii, vol. II, Suhrkamp, Francfort, 1985, p. 729-823. (Cette correspondance comporte 57 lettres d'Ernst Bloch à Adolph Lowe, écrites entre février 1944 et août 1975.)

révolte des paysans a été stimulée en permanence par les prêches révolutionnaires de Thomas Münzer. (Mais on pourrait aussi citer à ce propos d'autres exemples de soulèvements et d'insurrections dans l'histoire dans lesquels les prêches révolutionnaires ont joué un certain rôle).

Dans *Athéisme dans le Christianisme*, Bloch affirme que la première grande forme d'expression de cette rébellion et de la présence simultanée d' « éléments athées » dans la bible était, incontestablement le *Livre de Job*, dans l'Ancien Testament, où Job, sous le poids insupportable de ses grandes *peines et souffrances*, défie et accuse ouvertement Dieu (Yahve), en lui montrant « son poing communiste[132] ». Ce qui fascine apparemment Ernst Bloch, dans la figure de Job, c'est l'évolution, chez le peuple d'Israël, du grondement (grognement) vers la *révolte*, c'est l'évolution de l'angoisse (« d'un brouillard dans lequel le Moi disparaît ») vers une attitude de *résistance,* celle de la « station debout »(aufrechter Gang). Pour lui, la bible met toujours en évidence, expose et décrit toujours ces deux attitudes fondamentales : (1) la crainte et l'angoisse (passive) et (2) l'attitude de rébellion et d'auto-affirmation contre l'oppression (« wider den Stachel löcken »). Job est ici évidemment le représentant typique du cas second. C'est précisément dans cette perspective qu'Ernst Bloch s'efforce d'esquisser une *herméneutique non-conformiste de la croyance religieuse*, en tentant de mettre en évidence les diverses formes et expressions de la révolte qu'on trouve déjà dans la bible mais qui ont été écartées, comme d'habitude, par les représentants officiels de l'Église. Comme il a déjà été dit, un des objectifs de cette herméneutique non-conformiste de la croyance religieuse est la *déthéocratisation* de la foi. C'est donc d'une manière assez pathétique qu'Ernst Bloch

132 Ernst Bloch, *Athéisme dans le christianisme*, *op.cit.*, p. 47.

opposera alors la *biblia pauporum,* c'est-à-dire la bible des *pauvres* et des *souffrants*, à la *bible des seigneurs*, en soulignant la prévalence de « cette mise en cause biblique contre ceux qui sont haut placés, avec leur Dieu des prêtres et de cet appel à la révolte contre eux ; avec cet appel à la « guerre contre les palais et à la paix pour les cabanes » et contre l'ornement des autels tandis que les pauvres souffrent de la faim[133] ». Un des précurseurs les plus anciens et en même temps les plus représentatifs de cette *biblia pauporum*, est le prophète *Amos*, parce que c'est le tout premier parmi les prophètes à dénoncer le formalisme religieux et à articuler la foi (la croyance) des Hébreux à une philosophie sociale (critique) qui réclame de la justice pour les pauvres et les misérables[134]. Selon Bloch, le « meilleur de la religion est qu'elle produit des hérétiques », devise et « mot d'ordre » qui ne peut que nous inciter à « lire la bible sous l'aspect de son histoire future d'hérésie. Parce que cela nous conduit à contester la servitude biblique, l'idéologie des *seigneurs* et la mythologie hétéronome, ce qui nous conduira vers le *vrai trésor de la bible* (…) qui n'a pas du tout été détruit par le slogan « Aut Caesar aut Christus[135] ». A ce slogan, Bloch oppose, en conformité avec l'esprit du *Principe Espérance* et l'esprit de *l'exode libérateur du peuple Juif* de l'Égypte, c'est-à-dire du pays où les Juifs, réduits à l'état de l'esclavage, ont été libérés par Moïse, le mot d'ordre « *Là où il y a de l'espérance, il y a aussi de la religion* ». (Wo Hoffnung ist, ist auch Religion), parce que « l'espérance humaine, en alliance avec le *Novum* meilleur, sera la meilleure critique de *la religio*, désormais comprise comme un bastion à la fois répressif et régressif contre la

[133] Ernst Bloch, *Op.cit.*, p. 21.
[134] Cf. Amos 5, 21 sq.; E.Bloch, o*p.cit*., p. 21.
[135] Bloch, *op.cit*., p. 23.

domination et l'oppression[136] ». Mais « espérer », cela signifie, selon la définition donnée par Ernst Bloch, dans sa grande trilogie philosophique, « transcender sans transcendance[137] ». A l'instar de Walter Benjamin qui, dans ses *XVIII Thèses sur le concept d'histoire* (1940), nous exhorte à « lire l'histoire à rebrousse-poil », Ernst Bloch s'efforce de rechercher, de sélectionner et de reconstruire, avec sa lecture critique de la bible, tous les *contenus subversifs* de la Bible, à savoir ses « antithèses antistatiques », où, précisément à cause de la substitution *messianique* de Jahvé, du Dieu d'Israël, par Jésus Christ, le « novum » de la bible sera confirmé en tant qu'*hérésie* la plus radicale[138] ». Et c'est dans ce sens précis que nous devrions comprendre le mot d'ordre central du livre *Athéisme dans le christianisme* d'Ernst Bloch : « Seul un athée peut être un bon chrétien ; seul un chrétien peut être un bon athée ».

Comme je l'ai déjà souligné, dans ma biographie politique[139] du philosophe de Tübingen, en se positionnant de la sorte, Ernst Bloch s'efforce de mener un combat simultanément sur deux fronts : (1) contre les conceptions et dogmes théologiques *théocratiques et ortho-praxiques* des trois principales religions monothéistes (Judaïsme, Christianisme, Islam) qui privent les humains de leur autonomie et qui imposent à l'homme de manière hétéronome des normes et des comportements contraignants ; et (2) contre le bannissement dogmatique et la persécution bureaucratique, au nom de la *séparation* des Églises et de l'État, de *l'athéisme* et d'une vision du monde *matérialiste, scientifique*, par le matérialisme vulgaire et le

---

[136] *Op.cit.*,p. 23.
[137] *Ibid.*
[138] *Op.cit.*, p. 24.
[139] Arno Münster, *L'utopie concrète d'Ernst Bloch. Une biographie*, Kimé, Paris, 2001.

marxisme-léninisme-stalinisme, de toutes les religions, de tous les cultes et de toutes les croyances religieuses, rendant pratiquement impossible tout *vrai dialogue* (constructif) entre chrétiens et marxistes. Cette attitude dogmatique dure, justifiée au nom d'une philosophie du « progrès social » et de la lutte contre « l'obscurantisme », sous toutes ses formes, avait comme conséquence que dans pratiquement tous les pays satellites de la sphère d'influence soviétique, y compris la RDA, les Etats-parti au pouvoir considéraient les Églises comme un adversaire idéologique « réactionnaire » à combattre dont l'influence sur la population devait être limitée par des mesures discriminatoires bureaucratiques. Par conséquent, des pasteurs, des prêtres ou des rabbins qui manifestaient une attitude ouvertement hostile au régime communiste s'exposaient à des poursuites policières et judiciaires. Sur les 18 millions d'habitants que comptait la RDA, en 1949, 15 millions étaient des chrétiens baptisés protestants, 1 million étaient catholiques et une infime minorité étaient Juifs, c'est-à-dire des « citoyens allemands de confession israélite ». Comme en France, la loi sur la *séparation des Églises et de l'État*, adoptée en Allemagne de l'Est, en 1950, garantissait aux Églises la pratique du culte mais interdisait en même temps au clergé de toutes les confessions la présence aux écoles et l'enseignement de la matière « religion ». Pour substituer la « confirmation protestante », traditionnellement pratiquée à l'Eglise, le gouvernement de la RDA imposa la « Jugendweihe » pour tous les adolescents âgés de 14 ans, c'est-à-dire une cérémonie au cours de laquelle les adolescents rassemblés devaient confirmer leur appui à la « patrie du socialisme » et au parti unique par un *sermon solennel*, en présence des responsables locaux du parti et des dirigeants des *Jeunesses Communistes* (FDJ). Ceux qui refusaient de participer à cette cérémonie étaient menacés de représailles du type « pas d'admission aux études universitaires. » En menant en même temps, dans la presse et dans les média, une campagne anti-religieuse en faveur de l'athéisme, selon le modèle des diverses « campagnes anti-religieuses » organisées en Union Soviétique, depuis les années 1922, le régime communiste de la RDA tentait en effet d'étouffer la voix et l'influence des Églises, surtout de l'Église protestante, en « convertissant » le maximum de jeunes à la « vision du monde matérialiste du socialisme scientifique et du marxisme-léninisme », c'est-à-dire à l'athéisme[140]. Tout le monde était invité à participer » à la construction du socialisme » en RDA. Ces mesures ont effectivement fait baisser de manière considérable le nombre des chrétiens croyants de religion protestante, en RDA, au courant des années 1960 et 1970, mais sans réellement pouvoir mettre en cause, malgré toutes les mesures discriminatoires frappant le clergé et certains croyants opposés au régime, l'existence réelle de l'Église, dans la société civile de la RDA. Celle-ci resta tout au long de la durée de la RDA, c'est-à-dire jusqu'à son effondrement, après la chute du mur de Berlin, un fief de l'opposition démocratique pacifique au sein même de la RDA qui, notamment avec ses grandes *manifestations*

[140] Mais malgré le pro-soviétisme déclaré et manifeste du régime, les *campagnes anti-religieuses* menées par le parti dirigeant et le gouvernement de la RDA, dans les années 1950 et 1960 contre l'Eglise, étaient relativement « modérées », comparées à celles qui en Union soviétique avaient conduit, dans les années 1930, à la destruction massive et systématique des églises orthodoxes et à l'arrestation, la déportation et l'assassinat d'un très grand nombre de prêtres, de religieuses et de moines. Elles peuvent non plus être comparées à la persécution des Eglises et du clergé organisée par Enver Hodja, en *Albanie*, après son arrivée au pouvoir et l'instauration d'un régime extrêmement autoritaire de type « marxiste-léniniste » (stalinien), décidé à « déraciner » toute forme de croyance religieuse, en imposant avec violence *l'athéisme.*(Les *Albanais* sont, majoritairement, de religion musulmane.)(A.M.)

populaires de lundi, organisées à Leipzig, en 1989, a finalement provoqué la chute du régime, de manière pacifique, en imposant des élections libres et, finalement aussi, en octobre 1990, la *réunification* avec l'Allemagne de l'Ouest.

Pendant son séjour et son activité comme professeur d'histoire de la philosophie, à l'université de Leipzig, de 1949 à 1957, Ernst Bloch n'est pas intervenu publiquement dans ce conflit entre l'Église et l'État, en RDA, mais nous savons qu'en privé il désapprouvait, tout en se déclarant lui-même « athée religieux », l'attitude bureaucratique de l'Etat-parti à l'égard des chrétiens et des croyants, comme il désapprouvait aussi « le marxisme de la voie étroite » (Schmalspurmarxismus) pratiqué en RDA ainsi que l'alignement dogmatique inconditionnel des dirigeants communistes de ce pays, gouverné d'une main de fer par le premier secrétaire général du parti SED Walter Ulbricht, sur les positions et les pratiques bureaucratiques et totalitaires de l'Union soviétique. Il était pourtant, dès les années 1950, en contact avec le professeur de sociologie *Wolfgang Harich* de Berlin-Est, avec lequel il dirigeait la *Deutsche Zeitschrift für Philosophie*, avec Harich qui, en 1956, se trouvait à la tête d'un groupe d'intellectuels dissidents qui se réunissaient clandestinement à Berlin-Est et qui exigeaient la démission de Walter Ulbricht, l'abandon de la « voie pro-soviétique » et la mise en œuvre du projet d'un « socialisme allemand », d'un « socialisme démocratique » inspiré des critiques et positions de Rosa Luxemburg. Pour cela, Harich et tous les autres membres de son groupe furent arrêtés, en novembre 1956, après l'écrasement de la révolte hongroise par les chars soviétiques, à Budapest, accusés de « complot contre la RDA » et de « révisionnisme » et condamnés à 12 ans de prison. En tant que « collègue » de Harich, Ernst Bloch était également, dès l'automne 1956, dans le viseur de la Stasi (la police politique secrète de la RDA) et de la justice (politique) de la RDA, qui, en décembre 1956, préparait son arrestation et sa condamnation ainsi que son éviction de l'université, pour « révisionnisme ». A cette fin, une campagne de presse, c'est-à-dire toute une série d'articles accusant Bloch de « révisionnisme », publiés en décembre 1956, dans le journal « Neues Deutschland » (l'organe officiel du Parti), fut déclenchée, annonçant sa persécution et sa mise en accusation officielle. Le procès qui avait déjà été préparé contre lui, sur la base des rapports dénonciateurs de la « Stasi », et qui était prévu pour le mois de mars 1957, à Leipzig, ne fut écarté qu'au tout dernier moment, suite à des désaccords graves qui avaient éclaté au sein même du Comité Central et du Bureau Politique de la RDA, où Kurt Hager s'opposait rigoureusement à l'arrestation et la condamnation de l'auteur du *Principe Espérance*, pensant que cela serait très nuisible à l'image et au prestige de la RDA, s'appelant elle-même toujours « premier État *antifasciste* sur le territoire allemand ». Bloch fut donc « seulement » écarté de l'université, en 1957, et mis en congé et à la retraite de manière anticipée, donc, condamné à une sorte « d'exil intérieur » qui dura jusqu'en août 1961, à savoir, jusqu'au départ définitif d'Ernst Bloch de la RDA et son arrivée en Allemagne de l'Ouest, à Tübingen, où il fut engagé comme professeur d'université invité l'autorisant d'y enseigner jusqu'à la fin de sa vie. C'est là, à Tübingen, pendant les premières années de son activité comme professeur de philosophie à cette université du Sud-Ouest de l'Allemagne, que Bloch rédigea le livre *Athéisme dans le Christianisme*.

Comme nous l'avons déjà souligné, le positionnement d'Ernst Bloch en tant que philosophe marxiste *non-dogmatique*, non-conformiste, « *athée-religieux* », est caractérisé par le triple combat : a) à travers son exigence d'une « lecture *autre* de la bible », semblable à celle prônée par Spinoza, contre l'orthodoxie et le conservatisme des Églises et de ses représentants officiels ; b) en faveur d'une « ecclesia pauporum », fondée sur les critiques et les exigences de la « Théologie de la libération » ; et c) contre l'attitude trop « intolérante » et bureaucratique de l'orthodoxie marxiste-léniniste (au pouvoir en Union Soviétique et dans les pays de l'Est) à l'égard de la religion et des croyances, en général, justifiée par une appropriation et interprétation trop dogmatique du célèbre dicton de Marx : « La religion est l'opium du peuple ». D'un côté, il s'agissait donc pour Ernst Bloch de reconstruire « l'histoire secrète » (de rébellion) de la bible et du christianisme, dès ses origines comme « secte juive », jusqu'à la Réforme et la « théologie de la révolution » de Thomas Münzer, et de l'autre, de mettre en évidence l'existence, dans la bible, d' « éléments athées », « utopiques », « subversives » et « révolutionnaires ». C'est la raison pour laquelle Bloch focalise ses analyses critiques délibérément sur tous les mouvements dits « hérétiques », dans le christianisme du 15e et 16e siècle, en Europe Centrale, à savoir sur les « Hussites » et les « Taborites » de Bohème, sur les « millénaristes » du 16e siècle, sur les « anabaptistes » (guidés par *Jean de Leyde* venant des Pays-Bas et régnant, au début du 16e siècle, pendant trois mois, dans la ville de Münster (en Westphalie)), ainsi que sur le prêcheur protestant itinérant *Thomas Müntzer*, le tout premier représentant d'une « théologie de la libération », qui ne cessait d'instiguer les paysans pauvres de Thuringe, en rébellion contre leurs seigneurs qui les exploitaient jusqu'au sang, avec des citations des prophètes de l'Ancien Testament, spécialement des prophètes Amos, Daniel et Jérémy. A ce propos, Ernst Bloch qui ne dissimule nullement sa position critique à l'égard d'un protestantisme conservateur, oppose-t-il délibérément Münzer, le « théologien révolutionnaire », à Luther, son « rival » libéral-conservateur, pendant la « Réforme », en Allemagne, en accusant Luther d'avoir fait un très mauvais compromis avec les seigneurs féodaux, en sacrifiant les paysans en révolte. Ainsi est-il plus que significatif qu'Ernst Bloch, précisément dans le chapitre d' *Athéisme dans le christianisme* consacré aux « relations du marxisme à la religion », plaide clairement contre une lecture trop réductionniste et trop dogmatique de la célèbre phrase de Marx, dans *L'Introduction à la critique hégélienne du Droit :* « La religion est l'opium du peuple », en soulignant qu'il y a un autre élément important, dans cette phrase, qui a été complètement ignoré et passé sous silence par le marxisme et le matérialisme vulgaire, et en critiquant que les matérialistes vulgaires « ont complètement isolé cette phrase (affirmation) de Marx de son contexte réel ». Il est donc fort temps, selon Bloch, de nous rappeler enfin la *version authentique* de cette phrase de Marx et de la *critique marxienne de la religion :* « La religion est la réalisation fantastique de l'être humain, parce que l'être humain n'a pas de vraie réalité (…). La misère religieuse est simultanément : (a) l'expression de la *misère réelle* et b) la *protestation* contre la misère réellement existante. La religion est le soupir de la créature souffrante, l'expression d'un monde sans cœur, comme elle est aussi l'esprit de conditions non-spirituelles. Elle est « l'opium du peuple »(...). La critique de la religion culmine dans la doctrine que l'homme est bien l'être suprême pour l'humanité, avec l'impératif catégorique de renverser toutes les conditions où l'homme est un être humilié, subjugué, abandonné et méprisé[141] ».

[141] Karl Marx, *Critique de la philosophie hégélienne du droit* (1843/1844), Ed.Sociales, Paris, 1966 ; Cf. Marx-Engels, Werke

Ernst Bloch est totalement d'accord avec la conclusion de Marx que « la tâche de l'histoire, après la disparition de l'au-delà de la vérité, est d'établir la vérité de l'au-deçà (Diesseits) » et que « la tâche de la philosophie, après avoir démasqué la figure sacrée de l'auto-aliénation humaine, est de démasquer l'auto-aliénation dans ses figures non-sacrées. » Si bien qu'en conséquence, « la critique du ciel sera transformée en critique de la terre, la critique de la religion en critique de la loi et la critique de la théologie en critique de la politique[142]. »

Il souligne aussi que, contrairement aux vues et affirmations du marxisme vulgaire, les sermons adressés par Thomas Müntzer aux paysans, pendant la *Guerre des Paysans,* étaient bien beaucoup plus qu'une simple « couverture religieuse », comme le pensait Kautsky, mais qu'ils étaient réellement inspirés par la bible et qu'il s'agissait ici d'une véritable « critique sociale », exprimée dans la tradition des sermons des prophètes de *l'Ancien Testament* (Amos, Daniel, Jezékiel)[143]. Il est aussi très caractéristique que par son positionnement Ernst Bloch défend aussi, dans ce même contexte, contrairement à Kautsky[144] qui, dans son livre consacré à la *Guerre des paysans allemands* ne cessait de critiquer « la mystique apocalyptique » de Thomas Müntzer, le mystique chrétien *Maître Eckhart* (!) dont la pensée était très influencée par le néo-platonisme de Plotin, en soulignant l'importance de cette forme de pensée « hérétique » au Haut Moyen Âge. C'est en critiquant la condamnation dogmatique de toute pensée « mystique » comme « réactionnaire » qu'Ernst Bloch met à ce propos en évidence que si la « doctrine

---

(MEW) vol. 1, Berlin (DDR), Dietz, 1964, p. 378-379.

[142] *Op.cit.*, p. 379.

[143] Ernst Bloch, *Athéisme dans le christianisme, op.cit.*, p. 92.

[144] Cf. Karl Kautsky, *Der deutsche Bauernkrieg*, in : *Vorläufer des neueren Sozialismus, vol. II,* Stuttgart, 1920.

néo-platonicienne de l'Un » (das Trachten in die Erstigkeit) était si violemment condamnée par le Pape, dans sa bulle d'excommunication, c'était parce que *Maître Eckhart* avait réellement instigué le peuple à se révolter contre les autorités de l'époque, contre l'injustice et la hiérarchie de l'Église. Bloch est d'ailleurs le seul philosophe marxiste du 20e siècle à défendre *Maître Eckhart* et d'autres représentants du courant mystique du Haut Moyen Âge, considérés et persécutés comme des « hérétiques », comme par exemple Jan Hus, Angelus Silesius ou Joachim de Fiore, en soulignant que le *Sermon de la naissance éternelle* (Sermon von der ewigen Geburt) de Maître Eckhart est bien la preuve que la conception révolutionnaire et « hérétique » de *l'union mystique de l'Homme avec Dieu* n'a vraiment rien à voir avec la conception de la religion comme *auto-aliénation* au sens de la critique de la religion par Marx, puisque un « sujet vivant dans une sorte d'union personnelle avec le Seigneur (…) ne pouvait être qu'un mauvais serf[145] ».

La quintessence de sa critique du marxisme vulgaire et, implicitement, du *marxisme-léninisme* canonisé de la période de Staline (avec sa condamnation dogmatique et catégorique de toute forme d'expression du sentiment religieux, du culte et de croyances religieuses) est bien que le point de vue de sa propre position non-dogmatique, considérant toujours le marxisme comme le « saut médiatisé du Royaume de la nécessité dans le royaume de la liberté », implique nécessairement d'assumer *l'héritage subversif et non-statique de la bible* (d'une religion qui n'est plus *re-ligio*, au sens traditionnel), en l'interprétant comme un exode du statisme et comme une *protestation* et un archétype du royaume de la liberté, ainsi que comme subsomption du « Très Haut » où les êtres humains n'existent plus et comme une forme de la transcendance

---

[145] Bloch, *op.cit.*,p. 94.

par la révolte, mais comme un *transcender sans transcendance.* Parce que, ne l'oublions pas, selon Ernst Bloch la bible peut bien être lue avec les yeux du *Manifeste Communiste*, ce qui aurait comme conséquence inévitable que le « saut », le « bond » vers l'athéisme ne serait pas une « folie » et que ce qui est impliqué dans le marxisme pourrait bien être compris dans le sens d'une union avec ce « meta », ce qui empêcherait que le sel deviendrait « stupide[146] ». C'est exactement dans cette perspective qu'Ernst Bloch prône une lecture critique, subversive et détectiviste de la bible dont l'objectif est « de découvrir des éléments fondamentaux dans la bible qui ont été écartés » [par la théologie officielle]. Plus important est cependant la « quête, la recherche de ces éléments [athées, matérialistes et révolutionnaires] qui ont été dissimulés par le clergé, dans la sphère de la religion, dans une intention clairement contre-révolutionnaire[147] ». Certes, ce ne sont plus que « quelques îlots, à reconnaître difficilement, mais qui émergent dans la mer de la pensée unique comme des sommets d'un pays qui a disparu (…). » ; car, affirme Bloch, « sans cela et sans ce tournant vers une lecture critique de la bible, la philosophie de la religion n'est plus possible (n'a plus de raison d'être), et encore moins une [philosophie de la religion] ayant un concept utopico-révolutionnaire[148] ». Pour cela, *Job* est réellement, selon Bloch, le premier grand témoin de l'Ancien Testament, mais il évoque aussi, et cela ne relève pas du tout du hasard, dans ce contexte, la révolte de la « tribu de Korah » contre Moïse et Aaron (qui a été cruellement réprimée par ce que Bloch appelle « un Dieu de la terreur blanche ») ainsi que l'insurrection de

[146] Bloch, *op.cit.*, p. 98.
[147] *Op.cit.,* p. 108.
[148] *Ibid.*

« Spartacus », à Rome, sans parler de la guerre des paysans allemands, au 16e siècle.

XXIII - LE LIVRE DE JOB

En ce qui concerne la figure biblique de *Job,* il nous semble être tout à fait caractéristique pour l'approche « théologico »-matérialiste de Bloch, qu'il souligne dès le départ que ce livre a toujours été considéré par le rabbinat comme « dangereux », qu'il a même été attribué « par erreur » à Moïse et que Martin Luther lui-même a longtemps hésité à l'intégrer dans sa traduction de la bible en Allemand. Il souligne aussi le fait que ce livre est « révolutionnaire », déjà par sa forme, parce qu'il a été écrit sous une forme « dialogique », précisément sous la forme d'un vif « dialogue » de Job avec Jahvé où Jahvé est en permanence accusé de « tolérer trop d'injustices et de souffrances » dans le monde dans lequel nous vivons. Par conséquent, ce *Livre de Job* peut bien être considéré comme « pré-marxiste », à cause de ses critiques des riches, des oppresseurs et des gouvernants (« Pourquoi vivent-ils, pourquoi vivent-ils si longtemps, pourquoi accumulent-ils de si grandes richesses personnelles [149] ? »)

Bloch met aussi en évidence que des discours bibliques « anti-capitalistes » avaient déjà existé bien avant Job, par exemple dans les livres des prophètes, mais qu'ils ne comportaient pas d'accusations contre la *non-intervention de Dieu contre le Mal.* Ce qui est pourtant hautement significatif, c'est le fait que ce qui commence vraiment à être exprimé pour la première fois dans ce « livre étrange », ce n'est en réalité rien d'autre que « le début de la grande *transvaluation des valeurs* ainsi que la découverte de *l'activité utopique,* au sein même de la sphère religieuse. » Autrement dit : « Le *Livre de Job* s'efforce de prouver que l'homme peut bien avoir une attitude meilleure que son Dieu. Ainsi, Job quitterait la

---

[149] *Livre de Job*, 21, 4.

communauté religieuse ; il attaque[150] ». La signification concrète du terme « exode de Yahvé » est l'idée que la représentation de Dieu quitte la conscience même de Yahvé si bien qu'un *autre Dieu* puisse apparaître, mais sous le même nom. Nous assistons à rien d'autre qu'à une *humanisation de la représentation de Dieu* et de son déplacement vers un autre topos. Job prépare ce déplacement, cette sortie qui culminera finalement dans les représentations de *Jésus* et du *Messie.* La vraie raison pour la genèse de la représentation du Messie serait alors la distinction radicale faite entre le *Mal* et le *Bien,* c'est-à-dire la distinction faite dans la religion persane entre *Ormuzd* et *Ahriman.* Le Dieu ancien est toujours identifié avec un Dieu vengeur, « un Dieu très en colère et irrité, qui veut *venger les péchés des pères* jusqu'à la quatrième génération et qui veut tuer un des fils de Moïse parce qu'il n'est pas circoncis[151] ». C'est dans ce contexte précis qu'est né le *messianisme*, parce que le monde n'est pas bon, parce qu'il a besoin d'un *rédempteur.* C'est cela, qui a préparé la voie à Jésus et à Marcion, l'auteur de « l'Évangile du Dieu étranger »[152], vivant au 1er siècle après J.-C. Tout cela prouve qu'Ernst Bloch défie vraiment, avec ses vues non-conformistes en matière de philosophie de la religion, la doctrine et la définition traditionnelle de *Jahvé,* dans la tradition rabbinique et dans la *Halakha* (la Loi juive) selon laquelle Jahvé, le Dieu d'Israël, n'est pas un « Dieu vengeur », même s'il doit être respecté ; parce qu'il est a priori le protecteur de son peuple, du peuple d'Israël, du « peuple élu », même

---

[150] Bloch, *Op.cit.*, p. 150.
[151] E. Bloch, Interview avec Bernd Stappert, in Traub/Wieser (édit.), *Gespräche mit Ernst Bloch,* Suhrkamp, Francfort, 1975, p. 181.
[152] Cf. Adolf von Harnack, *Marcion, l'évangile du Dieu étranger. Contribution à l'histoire de la fondation de l'Eglise catholique, trad. de l'allemand par Bernard Lauret,* Paris, Cerf, 2003.

s'il interdit de se faire une « image de Dieu », sous la forme d'une idole, et même si la *Halakha* souligne toujours la distance, la différence a priori entre Dieu et l'Homme, en exigeant de l'Homme le respect de Dieu. Il est toujours considéré et vénéré comme un « bon Dieu », même pendant les temps de persécution, de sorte qu'il n'est pas légitime de le dénoncer à l'instar de Job comme un « Dieu vengeur », même s'il tolère apparemment le fait que les humains doivent souffrir autant d'injustices et de violences. Selon le point de vue officiel de la théologie rabbinique qui est fondée exclusivement sur la lecture et l'interprétation de la *Torah* et du *Talmud*, Yahvé ne peut être déclaré responsable de tous les crimes et violences commis contre l'humanité par les forces du Mal. Il le tolère, il ne peut pas l'éviter, même pas les pires formes de persécution de son peuple, par exemple lors de la *Shoah*. Évidemment, Ernst Bloch voit cela autrement. Force est de constater qu'il y a aussi à ce propos une assez grande différence de vues entre *Martin Buber*[153], le fondateur du *Principe Dialogique*, dans la philosophie juive contemporaine, et l'auteur de *L'Esprit de l'Utopie* et du *Principe Espérance*. Tandis que le premier, hostile, comme le jeune Ernst Bloch, au « formalisme » de la synagogue, défend très clairement, dans ses écrits et essais, la « royauté de Dieu » (Königtum Gottes) et une théorie assez mystique du « dialogue de l'homme avec Dieu », Ernst Bloch, étant sur ce point précis beaucoup plus proche des positions de l'athéisme (à savoir d'un athéisme modéré, encore très compréhensif à l'égard des

[153] Cf. Martin Buber, *Je et Tu,* trad. Geneviève Bianquis, préface de Gaston Bachelard, Aubier, Paris, 1938 , rééd., Paris, 2012 ; *La vie en dialogue*, trad . J. Lowenson-Levi, Aubier, Paris, 1959, rééd., Les Belles Lettres, Paris, 2015 ; Cf. Arno Münster, *Le principe dialogique* (Essais sur M. Buber, F.Rosenzweig, G. Scholem, E. Lévinas), Kimé, Paris,1997 ; Dominique Bourel, *Martin Buber. Sentinelle de l'humanité*, Albin Michel, Paris, 2015.

sentiments religieux) lui oppose une image *dé-théocratisée* de Dieu, c'est-à-dire une *anthropologisation* attestant l'influence que le matérialisme de Feuerbach et de Marx et sa critique de la religion ont bien exercée sur lui. Ce qui fait qu'à cause de cela Ernst Bloch doit non seulement être considéré comme un des critiques les plus radicaux de la théologie paulienne du protestantisme conservateur *(Calvin, Luther...),* mais simultanément aussi comme un grand *dissident* juif contemporain à l'égard du « judaïsme rabbinique », notamment non seulement à cause de cette préférence – non appréciée par la théologie juive officielle –pour le *Livre de Job* et ses accusations de Jahvé mais aussi à cause de sa reconnaissance de *Jésus* (Yoshua de Nazareth) comme le *Messie,* comme le « Meshiah » longtemps attendu par le peuple Juif. (Dans la théologie rabbinique officielle, Jésus n'est pas reconnu comme *messie ;* il est plutôt considéré comme un « faux messie », comme un « agitateur » et « guérisseur » qui ne respectait pas à la lettre les commandements et les lois de la *Torah*, de la *Halakha* : faits pour lesquels il a été condamné par le *Sanhédrin* et livré au *Romains,* pour être crucifié (fait qui est, incontestablement, à l'origine de l'antisémitisme chrétien accusant les Juifs du crime de « déicide ».)

XXIV. L'INTERVENTION DE JESUS DANS LA SPHERE DE YAHVE

Selon les affirmations et développements présentés par Ernst Bloch, dans le chapitre intitulé « L'Intervention de Jésus dans la sphère de Yahvé ») (Jesus Einsatz in Jahwe)[154] de son livre *Athéisme dans le christianisme*, les *Évangiles* ne peuvent être interprétés et considérés comme un manifeste social ni moral. Ils sont plutôt le manifeste d'une « *rédemption eschatologique* ; car ce qui est caractéristique pour Jésus, c'est bien son « conseil chiliastique » de donner tous ses biens aux pauvres. Par conséquent, le sermon de Jésus est le sermon d'une « espérance eschatologique », celui de l'arrivée du royaume du Bien (Luc. 4, 43), et il est en même temps un « sermon de l'amour[155] ».

Sur ce point précis, les vues de Bloch sont en effet souvent assez proches de celles d'un Albert Schweitzer qui, dans son livre *Le mystère du messianisme et de la souffrance*[156], évoque cette « lumière eschatologique » des *Évangiles* qui serait spécialement présente dans le *Sermon de la Montagne* (Bergpredigt). Mais dans *l'Évangile de Saint Marc* (Marc 10,21) s'exprimerait quand même très clairement la dimension sociale, précisément, avec sa critique du royaume terrestre et sa défense du peuple vivant dans la misère, ce qui n'est rien d'autre, que « l'attestation d'une « éthique des dépossédés [157] ».

Dans ce contexte précis, Bloch souligne aussi « la référence apocalyptique permanente », dans les sermons de Jésus, qui serait aussi caractéristique et typique pour les

---

[154] Ernst Bloch, *op.cit.*, p. 185 sq.
[155] *Ibid.*
[156] Cf. Albert Schweitzer, *Das Messianitäts- und Leidensgeheimnis Jesu*, Berlin, 1901.
[157] E.Bloch, *Op.cit*, p. 187.

sermons du *prophète Daniel* qui est en effet le premier à utiliser le terme « fils de l'Homme » (Menschensohn) qui est identifié par Jésus avec le *Messie (meschiah)*[158], ne laissant plus aucun doute que le terme « fils de l'homme » soit eschatologique. D'autre part, Bloch souligne également l'importance de la représentation du « Dieu à venir, d'un Dieu développant et étendant progressivement sa propre représentation », une représentation qui serait déjà présente dans *l'Ancien Testament*, par exemple, dans le *Livre de la Genèse* (le Livre « Bereshit », le premier livre de la Torah), plus précisément dans le chapitre traitant du « Buisson ardent » où Yahvé, répondant à la question de Moïse « Qui, que puis-je dire aux enfants d'Israël, m'a envoyé chez vous ? » répond : « Ehje asher Ehje » m'a envoyé chez vous. » Dans son commentaire de cette phrase étrange, cette phrase a été traduite par Martin Luther en Allemand par la phrase : « Je suis qui je suis, m'a envoyé chez vous.». Bloch soutient que cette traduction était fausse, parce que le seul sens vrai et légitime du mot « Ehje » est « Je serai », si bien que la traduction correcte de cette phrase devrait être : « Je serai ce que je serai, m'a envoyé chez vous. » Pour ce philosophe marxiste eschatologique, cela serait en effet la toute première attestation de la présence de « l'esprit de l'utopie » dans la bible ; et ce serait également l'indicateur du fait que la codification des textes bibliques par les prêtres (le clergé) n'a pas donné lieu à l'élimination totale de tous les éléments et signifiants rebelles[159] ». Par conséquent, l'affirmation, la phrase « Je serai celui qui je serai » est l'essence même, à savoir l'entéléchie de la représentation de Dieu dans l'Ancien et le Nouveau

---

[158] *Op.cit.*, p. 195.
[159] *Bloch, Op.cit.*, p. 182.

Testament où la référence à l'avenir est toujours présente[160] .

---

160 *Ibid.*

XXV - LA MISE EN CAUSE DE LA 'THEOLOGIA CRUCIS' (La controverse avec Jürgen Moltmann).

Une autre caractéristique du procédé et de l'approche théorique d'Ernst Bloch est, incontestablement, le fait que cette « apologie de la rébellion athée » de Job est articulée à la contestation catégorique de ce qui constitue le vrai « centre » et le vrai « cœur » de la *théologie protestante,* à savoir la « *theologia crucis* », la théologie paulienne de la croix. Tandis que dans l'interprétation de la théologie paulienne par Jürgen Moltmann, cette *théologie de la croix* est directement rapportée à la souffrance humaine, à l'espérance et à l'attente de l'arrivée du Nouveau (Novum), Ernst Bloch critique assez radicalement cette justification théologique de la souffrance humaine par Luther et les représentants officiels de l'Église protestante, tout en admettant que la mise en doute et la contestation de cette doctrine théologique de la croix pourrait bien être interprétée comme une « provocation ».

Comme Bloch l'affirme, dans son entretien avec Wolf-Dieter Marsch, en 1965, à *l'Académie Protestante d'Arnoldshain,* il est lui-même réellement « scandalisé » par les notions de « patience de la croix », par la formule que « porter la croix et souffrir est la vraie condition de l'homme chrétien » et par d'autres affirmations de ce genre de Martin Luther, ce qui l'incite à souligner que « cela c'était bien le sermon de Luther à l'adresse des *paysans en révolte*, pour les exhorter à « se tenir tranquilles », alors que leur situation était vraiment insupportable (même sans la théologie paulienne) », et à nous rappeler aussi le sort des esclaves qui ont été crucifiés à Rome, sur la via Appia, après la défaite de Spartacus (en tout 8000 !), si bien qu' « eux n'avaient vraiment pas besoin de la théologie de Paul pour savoir ce qu'est réellement la croix. » Mais « Luther ne tint pas le même langage aux Seigneurs et aux Maîtres (…). Comme nous en avons assez de tous ces discours contre-révolutionnaires, conformistes et aveugles (…), la vraie question est si nous ne devrions pas devenir plus susceptibles à l'égard des malentendus résultant de la moralité de la théologie de la croix, parce que sa fonction est bien de tranquilliser et de conserver les esclaves dans leur attitude de soumission. ». En outre contrairement au stoïcisme et à Aristote, le Christianisme se propose lui-même de devenir, sous le règne de Constantin la « religion de l'Empire », précisément » à cause de son attitude négative à l'égard des esclaves et des serfs[161] ».

Dans son entretien, enregistré en 1965, à Tübingen, avec Ernst Bloch, le théologien protestant Jürgen *Moltmann* qui est lui-même très susceptible quant à la question de la souffrance humaine, de la violence et de la torture, du fait qu'il a été très marqué par la lecture des *Mémoires* de Jean Améry dans lesquelles l'écrivain Juif raconte son expérience personnelle de la torture subie par la *Gestapo* propose d'étendre, d'élargir ce débat, précisément envers le concept de *l'eschatologia crucis* (de l'eschatologie de la croix), mais dans un sens autre, ne signifiant plus le « devoir » de supporter toutes ces violences et tortures, passivement, mais dans la perspective de l'attente du *Novum* où le pouvoir du Négatif devient si puissant que les humains attendront, avec leur confiance en Dieu, l'arrivée ex-nihilo du Nouveau. Les conséquences morales de tout cela, nous rappelle Moltmann, dans cet entretien exceptionnel avec Ernst Bloch, seront que « d'un côté nous devrions finalement faire quelque chose pour mettre fin à la pauvreté du peuple

---

[161] Ernst Bloch, "Gespräch über die Kategorie 'Novum',in R. Traub/ H.Wieser, *Gespräche mit Ernst Bloch*, Suhrkamp, Francfort, 1975, p. 155.

et à la misère de tous ceux qui ont été ou sont toujours torturés, et de l'autre côté, nous devrions avoir la force (morale) d'accepter la souffrance (?!) là où elle est réellement trop puissante, de sorte qu'elle ne se noie pas dans l'absurdité mais soit également un être humain ayant un sens[162] ». Bien sûr, Ernst Bloch n'accepte pas du tout cette théorie de la nécessaire et inévitable acceptation de la souffrance humaine, défendue par Jürgen Moltmann, comme il est aussi assez réticent à l'égard de l'argumentation de Wolf-Dieter Marsch que l'espoir (l'espérance) peut seulement être identifiée avec la figure du Christ crucifié. Et en ce qui concerne la question épineuse du « Mal radical », il objecte qu' « il n'est pas nécessaire d'être théologien pour comprendre ce qu'était *Auschwitz* ; qu'il n'est pas nécessaire non plus de « recourir à une *théologia crucis* pour comprendre ce qui est arrivé là. Il y a autant de *Maux* dans le monde. Il n'est pas nécessaire de se rendre à Golgatha pour trouver les croix (…) ». Si bien qu'il devrait bien être possible d' « objecter à la théologie de la croix paulienne qu'elle ne prend pas sérieusement en compte la facticité des croix et du Mal dans le monde[163] ». Moltmann, professeur de théologie protestante à l'université de Munich qui, après la mort d'Ernst Bloch, en 1977, s'est installé à Tübingen, pour y continuer ses enseignements, a bien entendu répliqué à ces critiques, en défendant la logique de la théologie paulienne, et en contestant notamment l'argu-ment de Bloch que l'intention de l'apôtre Paul était de « tenir les esclaves dans la soumission. » Il lui oppose l'argument que l'intention réelle de Paul était de créer une communauté « mixte » de chrétiens, composée par des esclaves et des hommes « libres », et que cela n'était pas du tout une « communauté du peuple »(Volksgemeinschaft) mais

---

[162] *Op.cit.*, p. 156.
[163] *Op.cit.*, p. 159.

plutôt une « communauté internationale », sans frontières. En continuant de défendre la « théologie de la croix », il souligne, pour conclure, que, dans cette perspective précise, « rien n'est épargné au chrétien, ni la torture ni l'enfer, mais qu'avec la traversée de l'enfer par Jésus et avec sa résurrection, Jésus Christ a éclairé la voie de l'espérance via le Nihil, via l'enfer [vers la Rédemption] [164] ».

[164] *Op.cit.*, p. 160-161.

XXVI - LES AUTRES REACTIONS DE LA THEOLOGIE PROTESTANTE

Comme l'atteste une revue critique de la réception qu'a connu le livre d'Ernst Bloch *Athéisme dans le christianisme*, dans les années 1970, dans les milieux de la théologie protestante allemande, et notamment dans le courant proche du « socialisme religieux » de Paul Tillich, les réactions des principaux représentants de ce courant étaient plutôt mitigées. Elles variaient entre une compréhension assez tolérante des thèses de Bloch et le refus concernant notamment son « athéisme » et la critique sévère par le philosophe de Tübingen de la théologie paulienne et luthérienne de la croix.

Comme le souligne Carl Heinz Ratschow[165], professeur de théologie protestante à l'université de Marbourg et président de la société « Paul Tillich », en Allemagne, la principale thèse d'Ernst Bloch, concernant le rapport '*christianisme-athéisme*' est un véritable défi à l'égard de la théologie chrétienne. Celle-ci se heurterait surtout à la difficulté que dans ce livre « les « parties exégétiques théologiques sont intégrées dans le discours philosophique et politique de la pensée blochienne » [166]. En même temps, il est reproché à Ernst Bloch que ses preuves exégétiques ne résistent probablement pas à « une vérification scientifique » [rigoureuse], ce qui ne devrait cependant pas nous empêcher d'en discuter[167] ». Ratschow avoue pourtant que l'intention réelle d'Ernst Bloch est incontestablement de *rechercher le vrai et l'authentique christianisme* et qu'il solliciterait même ce christianisme authentique, en faisant appel au vieux rêve de l'humanité à

---

[165] Carl Heinz Ratschow, *Atheismus im Christentum.(Eine Auseinandersetzung mit Ernst Bloch*), G. Mohn, Gütersloh, 1972, p. 7.

[166] *Op.cit.*, p. 7.

[167] *Op.cit.*, p. 8.

propos du « vrai but », tout en objectant que ces réflexions et analyses d'Ernst Bloch sont quand même avant tout guidées par la parole de Marx que « l'humanité possède depuis longtemps le rêve, quelque chose qui doit être rendu conscient pour être réalisé ». Ce serait donc le lieu de convergence entre le « vrai christianisme » et le « vrai marxisme »[168], précisément entre ce qu'Ernst Bloch appelle « la religion de l'exode et du Royaume » et le marxisme. Ainsi, le vrai but d'*Athéisme dans le Christianisme* serait-il de mettre en évidence et de prouver qu' « à ce niveau précis, une rencontre entre christianisme et le marxisme est tout à fait possible[169] ».

Ratschow nous signale quand même, dans sa perception critique des thèses de Bloch, concernant la philosophie de la religion, une différence significative entre l'argumentation du cinquante-troisième chapitre de *Principe Espérance* et celle de son livre sur *l'Athéisme dans le Christianisme.* Tandis que Bloch, dans son chef-d'œuvre, dans sa grande trilogie philosophique, traite de toutes les religions (donc aussi de l'Islam et du bouddhisme), son livre consacré à *l'athéisme* ne serait focalisé que sur le *christianisme,* ce qu'expliquerait pourquoi il y cite si fréquemment *Rudolf Bultmann, Karl Barth* et *Albert Schweitzer.* En outre, les synthèses et analyses blochiennes ne seraient-elles « ni didactiques ni inductives, mais plutôt expressionnistes et du genre pythagoricien[170] ». Autrement dit, Ernst Bloch maîtriserait parfaitement, dès les deux premiers chapitres du livre, l'art d'illuminer le message biblique comme « porte parole des opprimés[171] ». Mais, précisément dans le 17ème chapitre de son livre, consacré à Feuerbach et à Marx, Bloch irait,

---

[168] *Op.cit.*, p. 9.
[169] Op.cit., p. 9.
[170] *Op.cit.*, p. 10.
[171] *Op.cit.*, p. 11.

avec sa *critique marxiste de la religion*, finalement jusqu'à postuler de « lire la Bible avec les yeux du Manifeste communiste »[172] ». Il n'est donc pas étonnant du tout que Ratschow, comme d'ailleurs pratiquement tous les chrétiens catholiques ou protestants conservateurs, lui reprochent d'utiliser encore « trop », malgré ses critiques du *marxisme vulgaire*, le vocabulaire *polémique* de ce même marxisme, précisément à l'égard de la religion et des Églises, un reproche qui ne dissimule guère l'aversion généralisée de l'auteur marbourgeois contre « l'accord marxiste fondamental » sous-jacent à cette philosophie « subversive » de la religion, privilégiant les thématiques révolutionnaires. D'où sa polémique contre la re-construction, par Bloch, dans sa lecture « spinoziste » et critique de la bible, de toute la lignée des rebelles et des « courants révolutionnaires », s'exprimant dans *l'Ancien Testament,* contestant la « hiérarchie des classes » et le « là-haut » où réside Dieu[173] ».

En discutant la thèse centrale de la philosophie blochienne, à savoir le postulat de la nécessité d'une *alliance entre le christianisme et la révolution*, entre le *christianisme et le marxisme/socialisme*, Ratschow soutient que l'affirmation de Bloch que « le vrai christianisme prend au sérieux le vrai marxisme » dépasse de loin la simple exigence d'un *dialogue entre le marxisme et le christianisme*[174], un *dialogue* qui avait bien eu lieu en Amérique Latine, avec l'émergence de la « Théologie de la libération » (au Nicaragua, au Brésil, au Chili et au Pérou), mais qui avait eu du mal à se produire dans les pays occidentaux, en Europe, ou encore dans les pays communistes de l'Europe de l'Est, dominés par *l'Union*

---

[172] *Op.cit.,* p. 13; Cf. Ernst Bloch, *Le Principe Espérance,* tome I, Gallimard, 1976, p. 98.

[173] *Op.cit.*, p. 15.

[174] *Ibid.*

Soviétique dont les dirigeants avaient mené, dès leur installation au pouvoir, après la *Seconde Guerre mondiale,* une *guerre idéologique contre le christianisme, les religions et les croyants* de toutes confessions, précisément au nom de *l'athéisme et de la vision du monde (matérialiste) du socialisme scientifique.* Ainsi, s'inspirant de la campagne antireligieuse, déclenchée par Staline, dès 1925, en URSS, les Églises, ses représentants et ses croyants pratiquants de la Hongrie, de la Pologne, de la Tchécoslovaquie, de la Roumanie, de la Bulgarie, de l'Albanie et d'Allemagne de l'Est étaient-ils systématiquement *stigmatisés* comme porteurs de valeurs « réactionnaires », conservatrices et « hostiles au progrès » ; on leur coupait les moyens financiers né-cessaires pour la vie des institutions qu'elles contrôlaient ; leurs représentants mais aussi de simples croyants étaient surveillés par la police politique secrète (Stasi…), arrêtés et même condamnés par les « tribunaux du peuple » à des peines de prison, pour « activités hostiles à l'État ». (En Albanie, ils étaient même exécutés par ces mêmes chefs d'accusation.) Malgré cela, les Églises de ces pays, préférant la résistance passive à la résistance active, ouverte, continuaient de pratiquer, à l'ombre de la société « socialiste » officielle, le culte, de célébrer le baptême et la *confirmation*, en se transformant ainsi, pro-gressivement, en lieux de *résistance pacifique* contre les régimes autoritaires se disant « socialistes » mais qui étaient en réalité dirigés par une oligarchie d'apparatchiks du parti unique. En Pologne et en RDA (Allemagne de l'Est) elles devaient aussi jouer, dans les années 1980 et 1990 du XXe siècle, un rôle important pendant les manifestations pacifiques qui ont déclenché finalement la chute de ces régimes, consécutives aux réformes *démocratiques*, entreprises par *Michael Gorbatchev*, dès 1985. Sous ces conditions, un véritable dialogue entre « marxistes » et « chrétiens » n'était pas possible, ni en Pologne ni en RDA, ni en Roumanie et ailleurs, vu que le *Parti unique* et ses dirigeants préféraient de loin, au lieu de dialoguer avec les représentants des Églises et les croyants, leur imposer d'en haut, de manière autoritaire, des décisions et des mesures discriminatoires, dans la perspective de pouvoir ainsi « extirper », à court ou à long terme, les croyances religieuses de tout genre et de mettre fin à tout hégémonisme culturel ou idéologique des Églises catholiques, orthodoxes ou protestantes, dans leurs pays. Ceci explique pourquoi la première rencontre entre les dirigeants du Parti communiste (SED) en RDA, et les représentants de l'Église » n'avaient eu lieu qu'en 1978 (!), vingt-neuf ans après la fondation de la RDA, suite à une toute petite « libéralisation » du régime qui s'était produite après le départ de Walter Ulbricht (comme président du Conseil d'État de la RDA) et l'installation au pouvoir d'Erich Honecker comme premier secrétaire du Parti communiste (SED).

Dans ces conditions, il était aussi extrêmement difficile pour Ernst Bloch de réaliser son propre projet d'un dialogue fructueux entre chrétiens et « vrais marxistes », pendant son séjour et son activité de professeur de philosophie à l'université de Leipzig (1949-1956). A Leipzig, devenue ultérieurement, en 1989, le vrai centre de la révolution démocratique pacifique en RDA, il pouvait certes côtoyer les chrétiens (critiques) qui étaient prêts à ce dialogue, mais l'attachement aveugle de la grande majorité des représentants du « Parti » à la ligne marxiste-léniniste ultra-dogmatique et prosoviétique rendait ce dialogue pratiquement impossible. Ces bureaucrates « staliniens » étaient tout autre chose que l'incarnation de ce « vrai marxisme » humaniste dont rêvait E. Bloch. En outre, le grand livre explicitant et illustrant la *philosophie « marxiste » de la religion* d'Ernst Bloch, exposant sa propre théorie de l'athéisme et de la présence d'éléments athées dans le christianisme, n'a été écrit par Ernst Bloch qu'après son départ définitif de la RDA et pendant son séjour à Tübingen, en Allemagne Fédérale, entre 1963 et 1967, ce qui eut comme conséquence que ce livre a été lu presque exclusivement en Allemagne de l'Ouest, en Autriche et en Suisse, mais non pas en RDA, même si certains exemplaires du livre circulaient clandestinement, en Allemagne de l'Est, grâce aux visiteurs de l'Ouest qui les apportaient, en les dissimulant dans leurs voitures ou dans leurs bagages.

C'est la raison pour laquelle il est assez significatif pour la réception de ce livre que la principale réaction critique au livre *Athéisme dans le christianisme,* publié chez Suhrkamp, à Francfort-sur-le-Main, en 1968, vint d'un *théologien protestant* d'Allemagne de l'Ouest, à savoir du professeur de théologie *Carl-Heinz Ratschow* (de Marbourg) et non pas de l'Allemagne de l'Est dont les représentants officiels s'étaient installés de plus en plus dans une position de « coexistence pacifique » avec le pouvoir communiste en place, tout en gardant et défendant leur autonomie idéologique.

Ratschow, en analysant le terme blochien de « marxisme authentique » (authentischer Marxismus), a tout à fait raison de souligner que cela avait pour Ernst Bloch bien la signification précise qu'il s'agissait là d'un *marxisme non-orthodoxe* pour lequel « la profondeur du Royaume de la liberté est vraiment le contenu substantiel de la conscience révolutionnaire » ; mais en même temps il exprime le *bémol* qu'Ernst Bloch n'en avait pas vraiment la certitude, vu l'attitude négative du marxisme-léninisme officiel à son égard[175] ». Néanmoins, « cela demeurera », note Ratschow, « le puissant fondement de la théorie blochienne d'une alliance entre le *christianisme*

---

[175] Ratschow, *op.cit.*, p. 16.

(un christianisme rénové, ouvert) et le *vrai marxisme,* une alliance qui sous les conditions décrites du stalinisme, n'a pas pu se réaliser ni en RDA, ni en Pologne ni en Hongrie, ni en Tchécoslovaquie ni en Roumanie ni en Bulgarie. Selon Ratschow, ce fondement serait entièrement justifié par la théorie blochienne de la présence d'un « héritage religieux » (Erbe an der Religion) dans le marxisme (socialisme), explicitée et exposée dans le 52ème chapitre de son livre *Athéisme dans le christianisme*, intitulé « La faim, le rêve d'une chose, le dieu de l'expérience, la chose-pour-nous [176] ». La *faim*, c'est bien, dans l'ontologie blochienne du *non-encore-être*, l'élément moteur de l'être processuel se manifestant, s'extériorisant, sous une forme pulsionnelle. La faim vise le « non-encore », le « quod » non encore atteint, non encore réalisé d'un « quid ». Mais elle vise aussi, d'une façon plus terrestre, la « faim vitale » réelle, à savoir la *faim du pain quotidien*, et bien au-delà, comme le note à juste titre Ratschow, « tous les phénomènes de *l'aspiration à la justice sociale* [177] *».* Mais derrière la faim, stimulant le processus vital, apparaît, encore quelque chose de beaucoup plus profond, à savoir « le souci pour le but lointain[178] ». Ce souci ne peut pas croître dans les quartiers de misère, dans les *slums* où la misère étouffe tout ; il n'est pas non plus présent là où règne l'avidité du profit. Il est avant tout la *faim d'un sens*, y compris du non-sens de la mort, une faim qui ne peut pas être assoupie par « l'opium du peuple » mais seulement par une prise de conscience active, une *faim qui est articulée à un rêve subversif et radical*, à *l'éveil de l'avenir.* Marx, dans sa lettre à Ruge de l'année 1843 n'avait-il pas souligné que « le monde possède depuis longtemps le rêve d'une chose dont il doit devenir

---

[176] Ernst Bloch, *Athéisme dans le christianisme*, p. 344.
[177] *Op. cit.*, p. 17.
[178] *Op.cit.*, p. 345.

conscient pour le posséder réellement ? » Mais pour Bloch cette « chose » n'est rien d'autre que *l'utopie concrète* se rapportant de manière athée à *l'oméga utopique* : « l'instant accompli [179] ». Et cet « instant accompli » est aussi appelé par E. Bloch « l'éclaircie de notre incognito ». Autrement dit, le marxisme a absolument besoin des *archétypes religieux* pour être en mesure de comprendre et de cerner ses propres implications. Il est persuadé qu'il y a encore un grand *réservoir utopique*, que le processus du monde n'est pas encore achevé et que le négatif n'est pas encore vaincu[180].

Ratschow oscille évidemment, dans sa lecture et interprétation des textes blochiens, entre la compréhension relative des thèses d'Ernst Bloch sur la religion et sur l'athéisme et leur critique - toujours formulée du point de vue de la théologie protestante officielle. (Carl-Heinz Ratschow était professeur de théologie protestante à l'université de Marbourg, où il est décédé en 1999). Cela n'empêche cependant pas du tout que la plupart des concepts-clé de la philosophie blochienne (« pré-apparaître utopique », « utopie concrète », « courant chaud », etc.) soient correctement présentés, dans le cadre d'une lecture à la fois « compréhensive » et critique. Cela concerne non seulement le concept « d'utopie concrète » qui comporte aussi « l'illumination et le sauvetage de *l'excédent utopique* des cultures, des allégories de l'art et des symboles religieux » qui ne sont pas encore épuisés [181] », mais aussi celui du *courant froid* et du *courant chaud dans le marxisme* dont la dialectique doit toujours être médiatisée avec *l'utopie concrète,* dans la mesure où sa fonction est de désigner la présence du *but lointain* (dans la *praxis d'émancipation*) dans les *buts*

---

[179] *Op.cit.*, p. 346.
[180] Ratschow, *Op.cit.*, p.21.
[181] *Op.cit.,* p. 25.

proches (« Nahziele »), puisque, selon Bloch, le *but proche* n'est vraiment attesté en tant que *but réel* que dans ses implications avec le *but lointain* (utopique).

Le *but proche* est donc celui qui correspond au calcul froid et rationnel (pragmatique) de la conscience intentionnelle, tandis que *l'utopie concrète* ne peut être réalisée que grâce à la prise de conscience réelle des potentialités utopiques existantes, à l'état de latence, et de son implication dans le *but lointain*[182] ». Ici Ratschow perçoit bien le vrai sens de la critique blochienne d'Engels, à savoir le fait qu'il y ait là vraiment un « trop grand progrès de l'utopie vers la science » qui avait comme conséquence inévitable une trop grande *scientifisation du marxisme* dont le résultat ne peut être que l'effacement de sa dimension *messianico-utopique.* Or selon Bloch, la *messianité* est bien « le dernier rempart de la vie et *l'ultimum* émergeant de la vérité utopique illuminante[183] ». Il y aurait donc bien un rapport plus ou moins « complémentaire » entre le contenu messianique des religions et l'utopie concrète.

Mais Bloch affirme aussi en même temps que *l'athéisme* est également le présupposé de l'utopie concrète si bien que le « summum bonum » des buts affirmés par l'athéisme ne peut être défendu que de manière athée [184] ».

Pour Bloch, *l'utopie concrète* est à la fois la philosophie et la praxis du contenu de la « latence-tendance » utopique du monde. C'est dans *l'utopie concrète* que théorie et praxis sont complètement médiatisées. C'est dans le *contenu- tendance* de la matière que naît *l'utopie* comme possibilité fondée dans la chose elle-même. Ce qui permet à Ernst Bloch de formuler la

---

[182] *Ibid.*

[183] Bloch, *Op.cit* . p. 350.

[184] *Op.cit.,*p. 317.

phrase, « le paradoxe » que « l'athéisme avec l'utopie concrète, est en même temps l'anéantissement de la religion et l'affirmation de l'espérance hérétique de la religion, mise sur ses pieds[185] ». Selon Bloch, cela n'est pas une contradiction, puisqu'il s'agit de bien réaliser *l'espérance messianique, hérétique* de la religion, mise sur ses pieds [186] ». Le mérite de Ratschow est d'avoir bien compris cela ; et surtout d'avoir bien mis en évidence, avec sa lecture critique, que *l'utopie concrète* de Bloch n' est rien d'autre que « la conscience de la chose dans sa latence-tendance[187] ». Il s'agit là d'une identification dialectique de la conscience et de la matière qui possède une structure téléologique et qui est aussi caractérisée par sa grande ouverture, une ouverture qui « caractérise l'utopie comme utopie [188] ». On devrait surtout retenir à ce propos que dans la pensée blochienne, la tendance de la matière s'enchevêtre, dans ce processus d'identification, dans cette dialectique, avec l'activité de *l'espérance*, si bien que le combat pour *l'utopie concrète*, c'est-à-dire pour un monde meilleur, sans aliénation, sans violence, sans domination et sans exploitation, n'est pas exclusivement un combat mené par l'intellect, puisque la matière y participe. Et la tâche « militante » de l'utopie concrète est aussi, en accord avec les exigences et les idéaux des Lumières, de chasser les ténèbres.

« Le processus même », note Ratschow, « n'est qu'une dialectique entre le Tout et le Néant. Tout est possible, même la mise-à-l'abîme totale du sens. Pour Bloch, cette dialectique n'est pas une fonction de la « conscience

---

[185] *Ibid.*
[186] E.Boch, *Op.cit.*, p. 317.
[187] Ratschow, *Op.cit.*, p.29.
[188] *Ibid.*

anticipante », mais elle est fondée dans le processus même. Elle appartient à la chose même [189] ».

Finalement, Ratschow réussit bien à prouver, dans le cadre de ses réflexions consacrées à la théorie blochienne de l'existence d'un véritable *héritage du marxisme à la religion,* que dans l'ensemble, malgré l'engagement clair et irrévocable d'Ernst Bloch pour la philosophie sociale de l'émancipation de Marx et le but marxien d'une « société sans classe », globalement parlant, la position blochienne à l'égard de la religion se distingue quand même de celle de Marx et d'Engels, sur un point précis : ces derniers avaient bien, conduits par la logique de leur philosophie matérialiste, congédié la religion (les religions) en général, en récusant en bloc toutes les intentions et sentiments religieux. Ernst Bloch, au contraire, ne partage pas du tout cette forme radicale et catégorique du refus de la religion et de tout ce qui est religieux qui avait conduit, entre autres, les bolcheviques à détruire les églises et à déporter et à assassiner les prêtres et les moines, au nom du combat du « camp du progrès » (scientifique) contre « l'obscurantisme religieux ». Il s'efforce, au contraire, « d'approfondir les conceptions et thèses marxistes relatives à la religion, en analogie avec les représentations religieuses ». Selon Ratschow[190], c'est bien ce travail d'approfondissement qui est tout à fait caractéristique et typique pour la « spécificité » d'Ernst Bloch en tant que penseur marxiste non-orthodoxe.

En revanche, souligne Carl Heinz Ratschow, la thèse blochienne sur l'athéisme en tant que principe heuristique aurait bien ses racines dans Marx, puisqu'il affirme, précisément dans le chapitre 17ème de son livre, consacré au « rapport du marxisme à la religion », que « l'athéisme est un humanisme médiatisé par l'abolition de la

---

189 *Op.cit.*, p. 32.
190 *Op.cit.*,p. 23.

religion [191] ». Et c'est précisément dans cette perspective que devrait être aussi compris le postulat d'Ernst Bloch de « *l'humanisation de la nature et de la naturalisation de l'homme* » ; car dans cette vision, ce sont bien *l'homme* et *l'humain* qui occupent le centre des réflexions de Bloch (que certains interprètes, comme par exemple Michael Löwy, n'ont pas hésité à considérer comme un penseur « athée-religieux »). Et le vrai héritage de Feuerbach et de Marx s'exprimerait chez lui bien dans le fait que Dieu (Yahvé) est désormais aussi identifié par Bloch avec une force supérieure d'*oppression*, autrement dit, avec le maintien de la structure sociale *maître-esclave* et la figure d'un père autoritaire. D'où la nécessité selon Bloch de valider surtout toutes les formes et expressions d'une « révolte contre Dieu » dont le *Livre de Job* de la Bible est de loin l'expression la plus parfaite, la plus tragique, la plus représentative, précisément pour cet « exode » de la représentation de *Yahvé* que Bloch considère comme la vraie finalité de *l'Ancien Testament*. Reconstruire l'historique de cette ligne de la révolte dans l'Ancien Testament, c'est donc la tâche prioritaire que s'était fixée Bloch avec sa lecture « hérétique », libertaire, *émancipatoire* des textes bibliques et notamment avec sa lecture du *Livre de Job*. Sa quintessence est pour ainsi dire que « l'homme contredit Dieu. Il lui refuse l'obéissance et le mépris ». Mais, objecte Ratschow, *l'Ancien Testament* s'efforce aussi de mettre en même temps en évidence que *l'homme révolté* échoue surtout à cause du monde et que sa *rébellion contre Dieu* fait son échec dans le monde. « C'est donc bien son échec dans le monde qui fait aussi son échec avec Dieu [192] ! »

---

[191] Bloch, *Athéisme dans le christianisme*, p. 87 ; Cf. C.H. Ratschow, *op.cit.*, p. 75.
[192] Ratschow, *op.cit.*, p. 81.

Néanmoins, Ratschow est-il aussi contraint d'admettre que Bloch reconnaît bien qu'avec l'exode du peuple hébreux de l'Égypte et la rencontre de Yahvé au Sinaï, avec Moïse, devant le *buisson ardent*, l'image traditionnelle de Yahvé a été transformée et qu'il y a eu « une sublimation de Dieu de l'oppression et de la soumission », précisément dans le sens d'un Dieu conduisant son peuple au-delà de la situation, vers *l'émancipation.* « L'horizon d'attente de la libération [193] » devient ainsi une des caractéristiques de ce Dieu *transformé*, *rénové*, normalement *sublimé,* reconnaissant aussi la raison morale.

---

[193] Bloch, *Athéisme dans le christianisme*, p. 124.

XXVII - LA DIMENSION SOCIALE REVOLUTIONNAIRE DU DISCOURS PROPHETIQUE

C'est dans le discours prophétique que se concrétise le plus la providence morale universelle des prophètes, comme par exemple celle du prophète Esaïe que Bloch, dans sa lecture, rapproche beaucoup des Nazaréens qui eux sont interprétés comme un « mouvement religieux-social-révolutionnaire », proche des jécabites qui pratiquaient une sorte de « communisme primitif nomade », en vivant dans une sorte de « communauté primitive pré-nomadique[194] ».Même si Ratschow conteste apparemment la validité de la thèse blochienne de la présence dans ce discours prophétique d'une volonté démocratique, pacifiste et fondamentale chez les *Nazaréens*, il reconnaît quand même qu'il s'agit là, de la part d'Ernst Bloch, de la principale preuve, de son principal argument en faveur du *caractère social du message biblique des prophètes.*[195] Ce message a bien entendu aussi un caractère eschatologique ; car des prophéties d'Amos jusqu'aux prophètes post-exiliques, les prophètes appellent les croyants à l'éveil, à la vigilance, les exhortant à agir autrement, pour accomplir la volonté de Yahvé[196]. Or Yahvé veut créer du nouveau, à l'avenir, il veut créer de la justice. (Cf. Esaïe, 11, 3, traitant d'un Dieu de justice, s'occupant des « pauvres » et des « misérables »)[197]. Ainsi, Yahvé, ce même Yahvé qui « a créé le ciel et la terre, devient le point de convergence, un ami des Justes de tous les peuples [198] ».

---

[194] *Op.cit.*, p. 129.
[195] Ratschow, p. 89.
[196] Ratschow, *op.cit., p. 90.*
[197] *Op.cit., p. 91.*
[198] Ernst Bloch, *op.cit., p. 134.*

Ce même Yahvé qui veut la paix et la justice est aussi le Dieu miséricordieux. Il est le Dieu de la nouvelle alliance, du nouveau cœur du nouveau monde[199]. « Bloch l'athée, comme lecteur de Feuerbach et de Marx, peut cependant à la rigueur se passer de ce Dieu qui, selon l'auteur de *L'Essence du christianisme,* n'est qu'une *projection (construction) de l'esprit humain.* Mais il doit accepter Yahvé en tant qu'incarnation, en tant que principe de la raison morale ! »[200] En un sens, affirme Ratschow, Job est bien pour Bloch « la fin de la représentation de Yahvé », une fin ayant pour fonction de mettre en évidence « la force du messianisme[201] ». Si, à ce propos, le théologien protestant de Marbourg lui reproche cependant d'avoir « raccourci le *Livre de Job*, en le concentrant sur les accusations contre Dieu qu'il comporte », c'est parce que Bloch, dans ses réflexions et développements, fait en effet l'économie des réponses de Dieu, notamment dans les chapitres 40 et 41, et parce qu'il considère les sentences d'Elihou (dans le chapitres 32-37) comme « complémentaires [202] ».

Ainsi Bloch aurait-il fermé le *Livre de Job,* après le 31ème chapitre, en plaçant volontairement à la fin ce *défi de Dieu par Job*, réitérant toujours sa propre innocence[203]. Il accable constamment Dieu avec son innocence, si bien que le cri final de Job que le tout-puissant lui réponde, va dans le vide, ne trouve pas de réponse. Bloch le dénomme aussi « le vengeur » (Rächer), un vengeur qui ne serait qu'une hypostasiation de l'innocence de Job. Son accusation de Dieu, ne serait rien d'autre que « l'exode de

---

199 Ratschow, *op.cit.*, p. 94.

200 *Op.cit.*, p. 95.

201 *Ibid.*

202 *Op.cit.*, p. 96.

203 *Ibid.*

l'homme de Yahvé[204] ». Ce « vengeur » n'est pas Dieu mais pourrait bien avoir son origine dans une division de Dieu en lui-même que Bloch n'aurait pu reconnaître à cause de ses présupposés athées[205].

Bien sûr, Bloch ne pouvait pas consentir non plus à la réponse donnée par Dieu à Job, dans le chapitre 38, puisqu'il ne répond pas directement à Job mais au monde en général en tant que cosmos : « il y a « un manque total de téléologie humaine, (...) un manque de buts rationnels[206] ». Mais le problème demeure ; car, en supprimant tout simplement la réponse de Dieu, le problème n'est pas résolu. Certes, Bloch refuse l'affirmation des philosophes matérialistes français athées du 18ème siècle que « Dieu n'existe pas ». Mais les injustices et la misère dans le monde sont si grandes que même un marxiste athée doit constamment se poser la question de savoir : « Pourquoi le royaume de la liberté n'est-il donc pas arrivé ? Pourquoi doit-il se *perlaborer* d'une manière si sanglante à travers la nécessité[207] ? Toutes ces questions restent posées face à Yahvé qui se tait...

Mais, selon Ratschow, Ernst Bloch a quand même une réponse simple à tous ces questionnements sceptiques et inquiétants : une réponse messianique. Autrement dit, son « optimisme militant », son appel à la lutte, au combat, malgré tout. Or, voilà une autre preuve pour la validité de la thèse de « l'athéisme dans le christianisme » – que *l'homme révolté* possède aussi une *confiance en Dieu, mais sans croire en Dieu*. Cela veut dire qu'il est confiant dans le Yavhé de l'exode de l'Egypte, « même si toute réification mythologique a été dépassée, même si tous les

---

[204] Ratschow, Op.cit., p. 97.
[205] *Ibid.*
[206] Bloch, *op.cit.*,p. 154.
[207] Ratschow, *op.cit.*, p. 100 ; Bloch, op.cit.,p; 165.

réflexes envers un seigneur supérieur ont cessé [208] ». Comme Ratschow[209] le met en évidence, cette confiance est pour Bloch, essentiellement, la confiance en « un avant » ; et cette confiance correspondrait à *l'utopie concrète* et à la téléologie de la *conscience humaine*, exposée notamment dans le chapitre consacré aux figures et la *conscience anticipante* du tome Ier du *Principe Espérance*. A propos du *Livre de Job*, le plus important pour Bloch est en effet « la négation de Dieu et l'exode de la représentation de Jahvé[210] ». Parce que c'est ainsi que Bloch, conclut Ratschow, s'est « frayé lui-même « le chemin le conduisant à l'Ancien Testament vers l'athéisme[211] ». Autrement dit, « Yahvé est devenu incrédible face à la souffrance humaine. Le rédempteur s'élevant en fin de compte de la poussière, c'est *Job* lui-même, c'est son innocence. L'homme fait confiance à son renouveau et à sa conscience[212] ». Mais est-ce vraiment la « bonne confiance » et « l'innocence » ? Doivent-elles être mesurées au *but utopique* lointain ? Sont-elles auto-suffisantes ? Une « bonne conscience peut-elle s'élever à partir d'elle-même ou à partir de ce qu'on pense de telle manière qu'elle pourra résister contre la question de la souffrance[213] ? » Certes, on ne peut pas dire que Bloch nous ait fourni toutes les réponses nécessaires et convaincantes à ces questionnements, mais nul ne peut ignorer quand même la pertinence de ces questionnements et leur incidence pour le grand débat autour de la question de la présence ou de l'absence de Dieu dans les grandes

---

[208] E. Bloch, *op.cit.*, p. 165.
[209] Ratschow, *op.cit.*, p. 101.
[210] *Ibid.*
[211] *Ibid.*
[212] *Ibid.*
[213] *Op.cit.*, p. 103.

catastrophes de l'humanité, comme par exemple la *Shoah*….

Ratschow estime cependant que la thèse blochienne du Dieu comme *instance supérieure* justifiant d'*en haut* les autorités *terrestres* et leurs crimes, n'est « ni prouvable ni tenable » du point de vue de la sociologie des religions. Il serait faux d'affirmer que « religion monarchique » et « constitution d'un État monarchique » soient une seule et même chose ![214] Et il cite comme preuve de cette thèse la coexistence, dans le lamaïsme tibétain, d'un système divin patriarcal avec une culture familiale matriarcale[215]. Or, l'argumentation de Ratschow n'est guère convaincante, même s'il n'a pas tout à fait tort de souligner que l'abolition totale de toute supériorité divine du « très haut » n'a pas du tout contribué, par exemple dans le cas de la Russie soviétique ou celui de la Chine maoïste, à l'abolition d'un pouvoir hiérarchique supérieur terrestre ; car dans les deux cas, il y a bien eu, évidemment, *hypostasiation* des dirigeants terrestres, précisément, sous la forme du « culte de la personnalité », dénoncé entre autres, par le *Rapport Khrouchtchev* de mars 1953. Mais, néanmoins dans l'axiomatique blochienne, Dieu demeure de toutes façons toujours un « très haut » ; « ses serviteurs veulent exercer la domination, et ce sont les riches qui en profitent le plus [216] ». Or, la doctrine blochienne de *l'héritage du religieux* implique aussi la conviction que les religions manifestent *l'ontologie du non-encore*-être sous une forme *théiste*. Le problème est pourtant que Ratschow tire de ce constat une fausse conclusion, en affirmant que Bloch prétend vouloir « obtenir pour ces pensées et réflexions critiques sur la religion le statut même d'une

---

[214] Ratschow, *Op.cit.,* p. 128.
[215] *Ibid.*
[216] *Op.cit.*, p. 129.

religion[217] » ! Que certaines affirmations, réflexions et thèses d'Ernst Bloch soient en un sens en effet marquées par un certain *pathos religieux* – et cela depuis le tout premier livre d'Ernst Bloch *L'Esprit de l'utopie* (1918) - est certes incontestable ; mais il est encore beaucoup moins indéniable que le fondement théorico-idéologique de tout cela est ce qu'on pourrait appeler son « athéisme religieux ». Il suffit pour s'en convaincre de lire *L'Esprit de l'Utopie,* un livre encore profondément marqué par cette « religiosité intérieure » sans Église, fortement influencée en même temps par la *mystique juive (la Kabbale)*, par la pensée mystique piétiste (chrétienne), par Tolstoï, Dostoïevski, par l'expressionnisme et le romantisme allemand. Or la présence de cette forme spécifique de *religiosité* dans la pensée du jeune Ernst Bloch n'est pas sans rapport avec l'influence que la première épouse d'Ernst Bloch, à savoir la sculpteuse *Else Bloch-von-Stritzky*, originaire de Riga (Lettonie), avait exercée sur le jeune philosophe juif ; c'était une jeune femme protestante, profondément marquée par la tradition piétiste, une mystique, souffrant d'une grave maladie, dont la croyance religieuse s'est cristallisée, entre autres, dans de nombreuses pages de l'*Esprit de l'Utopie* qui ont été écrites, selon le propre témoignage d'Ernst Bloch, ensemble avec son épouse, à Garmisch (près de Munich)(en 1916-17) et pendant son exil en Suisse, à Interlaken, de 1917 à 1918. Cette religiosité mystique est donc en un sens aussi constitutive pour la pensée du jeune Ernst Bloch, mais ce qui la caractérise, c'est aussi la présence simultanée de la volonté du philosophe juif-allemand de sortir du tréfonds de l'intériorité de l'âme mystico-romantique vers l'extérieur, vers le monde ; c'est cette volonté « d'exté-rioriser l'intériorité », associée à *la volonté de changer le monde*, pour le rendre plus juste. Et

---

217 *Op.cit.*, p. 130.

c'est ce cheminement, déjà annoncé à la fin de *l'Esprit de l'Utopie*, son tout premier ouvrage, qui le conduira finalement, lentement et progressivement, à esquisser une *philosophie de la praxis* pré-marxiste, essentiellement fondée sur la théorie de l'extériorisation des images de souhait utopiques et de la réalisation du « possible ».

Bien entendu, Ratschow critique-t-il aussi la thèse centrale de Bloch que « l'exode de Yahvé », à savoir l'exode de Moïse guidant le peuple d'Israël vers le pays de Canaan, serait la quintessence de la Bible, en reprochant en effet à Bloch de « ne pas avoir écouté le message central de la Bible concernant ce Dieu » qui consisterait dans le fait que « Dieu ne demeurerait pas *là-haut* mais descendrait vers *l'ici-bas,* pour aider les hommes[218] ». C'est le Dieu des miséreux et des pauvres, des « veuves et des orphelins », c'est le Dieu qui accompagne son peuple dans sa misère. Ce Dieu n'aurait donc absolument rien d'un « souverain trônant « là-haut » ». Jésus était en effet, dans sa personne, dans son action et ses souffrances, l'incarnation de ce Dieu descendu vers l'ici-bas[219]. Ce serait le sens même de *l'homousie* du christianisme, le Dieu de Jésus, c'était l'ancien Dieu d'Israël (un Dieu unissant *l'agir salutaire et l'agir dans le monde !*)[220]. Selon Ratschow, Ernst Bloch ne peut pas bien comprendre cela, parce que le *principe d'athéisme* auquel il a adhéré lui aurait tout simplement bloqué la voie et la vue. Or ce principe serait bien l'axiome central selon lequel tout doit fonctionner[221]. Selon le théologien de Marbourg, pour Ernst Bloch, Dieu ne doit pas exister parce qu'il est dans le fil droit de sa lecture de la critique matérialiste de la religion par Feuerbach : 1) une *projection* imaginaire de

---

[218] *Op.cit.*, p. 132.
[219] *Op.cit.*, p. 133.
[220] Op.cit.,p. 136.
[221] *Op. cit.* p. 140.

l'homme ; 2) parce que Dieu est toujours identifié par lui avec une *instance du « là-haut »* et 3) parce que ce « là-haut » tient toujours l'homme dans la servitude. Il serait donc pratiquement impossible, estime Ratschow, de convaincre Bloch du contraire, parce qu' « il n'a pas fait, lui, personnellement, l'expérience de Dieu. » Ces affirmations contrastent cependant, pourrait-on objecter, avec la présence réelle et pas du tout « circonstancielle » d'un « pathos religieux » dans l'écriture philosophique d'Ernst Bloch (surtout celle du jeune philosophe) ainsi qu'avec le fait qu'on ne peut pas sérieusement parler de « figures d'exode de Yahvé », comme le fait Bloch, sans admettre l'existence de Dieu.

Pour éclaircir ce problème, nous devrions auparavant tirer au clair le vrai sens de cet adjectif « athée-religieux » qui nous semble caractériser l'attitude de Bloch et son positionnement vraiment originel à l'égard de la religion. Admettons qu'il ait été bien influencé, pour son athéisme, par Feuerbach et par Marx. Il serait alors légitime de penser que quant à la négation (athée) de l'existence de Dieu, Bloch est certes assez proche de *l'athéisme* d'un Feuerbach ou d'un Marx, mais avec la « nuance » qu'il n'adhère pas vraiment au jugement très critique de l'auteur du *Capital* que la religion n'est rien d'autre que « l'opium du peuple » ! Car les réserves qu'il exprime à ce propos dans *Athéisme dans le christianisme* sont tout à fait caractéristiques pour son double défi exprimé à la fois à l'égard de l'orthodoxie (chrétienne) religieuse et de l'athéisme dogmatique (radical) du *matérialisme vulgaire* et du *marxisme-léninisme-stalinisme,* avec son attitude intolérante à l'égard de la religion, dénoncée, officiellement, comme 'obscurantisme', comme 'mysticisme' et comme 'superstition'. Il peut donc être considéré, légitimement, comme *athée-religieux*, dans la mesure où il admet, contrairement aux défenseurs marxistes orthodoxes d'un athéisme radical et intransigeant, la *religiosité (naturelle)* de l'homme, autrement dit, une *religiosité d'intériorité* qui est aussi et surtout celle des mystiques (ce qui avait déjà été souligné par Spinoza). Par conséquent, l'attitude *athée-religieuse* de Bloch est-elle caractérisée par le fait que Bloch, tout en se disant plutôt *athée* (ce qui n'est pas encore vraiment le cas, par exemple, lorsqu'il écrit *L'Esprit de l'utopie)*, s'efforce plutôt de créer un « équilibre » entre « athéisme » et « religiosité d'intériorité » (celle de l'âme), tout en accentuant progressivement la perspective *athée* au cours de ses recherches et réflexions. (Il est aussi assez sensible à la *piété* religieuse.) Il est cependant regrettable que Ratschow, dans sa lecture critique de Bloch, ne tienne absolument pas compte de cela. Il semble qu'il n'ait pas du tout compris l'importance de cette dimension « athée-religieuse » dans la pensée marxiste blochienne. Contrairement à Bloch, le professeur de théologie protestante de Marbourg pense en effet que « l'homme a le besoin naturel d'élever Dieu sur son trône céleste, afin de s'élever ainsi lui-même[222] ». Ainsi, il s'éloignerait, progressivement, de l'image traditionnelle du « Dieu-père », jusqu'à devenir ce « Christus regnans » hypostasié, à savoir « une des raisons de la formulation profonde du message chrétien [223] ». Néanmoins, Ratschow reconnaît que face à la théorie de la « mort de Dieu »(Nietzsche !), Bloch met bien en évidence que le problème ne peut être résolu, aujourd'hui, par la simple suppression du topos « Dieu[224] », notamment par son renvoi aux « vieux rêves », dans la représentation de la divinité dans la Bible. Et il se trouve tout à fait en accord avec Bloch à propos de l'affirmation du caractère

---

[222] Ratschow, *Op.cit.*, p. 142.
[223] *Op.cit.*, p. 143.
[224] *Op.cit.*, p. 142.

eschatologique de la foi chrétienne[225]. Pour Ratschow, Boch « a transféré la représentation de Dieu vers l'homme. C'est dans le but lointain et dans *le champ de réalisation de l'utopie concrète* qu'apparaît alors l'archétype de Dieu, autrement dit là où il s'agit, comme le dit Bloch, du « pur mystère de l'homme » voire du « mot d'ordre caché dans l'obscur de nous-même. C'est donc Dieu qui se manifeste, pour ainsi dire, dans « l'instant du moment vécu » (Dunkel des gelebten Augenblicks)[226] » Mais Ratschow lui reproche alors, précisément, du point de vue de la théologie protestante officielle, de s'être ainsi « beaucoup trop éloigné de l'archétype de Dieu », précisément en transformant le caractère *eschatologique* de la croyance en Dieu en une *téléologie*. Cette eschatologie aurait bien le sens précis d'une « attente-espérance », à savoir celle de l'avènement de Dieu (messie)[227]. L'ontologie blochienne du « non-encore-être » correspondrait donc tout à fait à ce modèle téléologique. Mais si Bloch évoque régulièrement les anciennes images eschatologiques de la « Jérusalem nouvelle », du « nouveau ciel » et de la « nouvelle terre » de la *parousie*, c'est dans le but de les transformer pour l'intégrer dans son modèle téléologique. Ainsi la « nouvelle Jérusalem » serait transformée en arrivée de l'homme dans l'au-delà[228]. Or, Ernst Bloch est aussi celui qui affirme, dans son essai sur *Thomas Münzer – théologien de la révolution* : « Ubi Lénine ibi Jérusalem » !

Ne cachant guère son hostilité à l'égard du « tournant marxiste » qui s'est produit dans la pensée blochienne, après la publication de *L'Esprit de l'Utopie* (1918), apparemment sous l'influence de Lukacs et de la

---

[225] *Op .cit.*, p. 142.
[226] *Op.cit.*, p. 144-145.
[227] *Op.cit.*, p.145.
[228] *Ibid.*

révolution bolchevique en Russie, Ratschow note la différence de principe existant entre la conception blochienne de *l'espérance* et celle du christianisme. « L'expérience chrétienne », dit-il, « c'est l'affirmation de la foi dans la certitude du Dieu qui vient, fondée sur l'attente de l'avènement ; elle attend tranquillement et avec certitude l'arrivée de Dieu » (...). Cette espérance appartient au centre de la vie de la foi[229] ». En revanche, chez Bloch, *l'espérance* est elle-même *téléologique.* Elle fixe le *non-encore* sur le terrain du combat (de la lutte). Ce combat s'appelle « espérance » parce qu'il vise le Tout mais aussi le Néant. Par conséquent, la tâche de l'espérance est d'empêcher le Néant et avec lui le désespoir. « Ainsi, cette espérance », conclut Ratschow, n'a plus « rien du tout en commun avec l'espoir, avec l'espérance eschatologique chrétienne, qui est une figure de la certitude[230] » ? L'espérance chrétienne déboucherait donc sur une certitude, celle de l'avènement de Dieu, tandis que pour l'espérance blochienne l'avenir serait ouvert. Autrement dit, « Bloch substitue le Dieu chrétien par un processus salutaire dont le but est la rédemption (l'émancipation) de l'homme souffrant, de l'homme opprimé[231] ».

Le problème est, entre autres, que l'homme est bien lui aussi présent dans ce processus, qu'il est lui aussi exposé au « mal » et que ce « mal » n'est pas exclusivement réductible à l'injustice, il est « plus profondément présent dans le monde », ce qui expliquerait aussi « pourquoi il y a eu Auschwitz[232] ». Mais Ratschow est beaucoup trop dubitatif et sceptique à l'égard de *l'optimisme militant* d'Ernst Bloch et de son concept de *l'espérance active*

[229] *Op.cit.*, p. 145.
[230] *Op.cit.*, p. 146.
[231] *Ibid.*
[232] *Op.cit.*,p. 159.

(militante), voulant à tout prix « transformer le monde vers le meilleur », pour être à même d'accepter cette espérance, orientée selon Bloch vers *l'utopie concrète*, ce qui le conduit logiquement à s'interroger aussi à propos de la question de savoir si « une volonté militante s'efforçant de créer le Bien et le Droit, *l'émancipation* et la *libération de la servitude* puisse vraiment suffire pour maîtriser le « coté obscur de l'homme[233] ».

Il ne veut pas admettre - et cela le sépare en tant que « chrétien protestant libéral » de Bloch, avec son « marxisme ouvert » - que c'est *l'utopie* (ou bien son *pré-apparaître*, dans la « conscience anticipante ») qui guide l'homme sur ce chemin. Il doute de cette *utopie*, en lui opposant, en marchant à ce propos un peu dans les traces du théologien Paul Tillich (qu'il vénère comme son maître en tant que fondateur du courant protestant du « socialisme religieux ») « la lumière de la clarté de Dieu ». Autrement dit, il ne croit pas du tout que ce soit cette aspiration envers un *être meilleur* appelée aussi « utopie » ou « utopie concrète » qui puisse nous guider de « l'obscur du moment vécu » (Dunkel des gelebten Augenblicks) vers « l'éclaircie » (Lichtung), et de là, vers la *praxis émancipatrice*, sur les chemins de *l'espérance*. Au contraire, il est persuadé – mais c'est cela qui peut précisément être contesté, du point de vue de « l'athéisme religieux » de Bloch !- que seule la *certitude* et la conscience de ce que Dieu a fait et non pas *l'optimisme militant* ou *l'utopie* peut réellement engendrer cette *espérance* dans la vision de l'avènement de Dieu[234].

---

[233] *Ibid.*

[234] *Op.cit.* ,p. 159.

XXVIII - CONCLUSION : LA THEOLOGIE DE LA LIBERATION

Nous avons vu que conformément aux exigences de la *Théologie de la Libération* qui avait réagi de manière très positive à la thèse blochienne de *dé-théocratisation* de la représentation de Dieu et à sa demande de valoriser surtout les *éléments athées et rebelles dans la Bible* et dans la doctrine chrétienne de la rédemption et du salut, Ernst Bloch nous invite à comprendre que le *marxisme authentique* (pour lequel il plaide contre le *marxisme vulgaire* et dogmatiquement déformé) a la tâche et le devoir de prendre sérieusement en considération et de respecter toutes les formes d'un *christianisme authentique.* Cela signifie en réalité bien plus qu'un simple dialogue entre des chrétiens, conscients de l'injustice dans ce monde et opposés à l'attitude conservatrice de leur hiérarchie, et les marxistes ; car c'est en réalité un appel solennel en faveur d'une *alliance* et d'une *coopération positive* entre chrétiens et marxistes, à savoir des marxistes prêts à saisir la main des chrétiens (de gauche), dans leur combat commun pour la justice et *un monde meilleur,* sans oppression, sans violence, sans exploitation et sans faim, comme cela était déjà le cas dans de nombreux pays d'Amérique Latine. Depuis les années 1970, à savoir depuis la publication des livres relatifs à la *Théologie de la Libération* par Gustavo Gutierrez, Ernesto Cardinal et Leonardo Boff, au Pérou, au Brésil ou au Nicaragua, où beaucoup de *chrétiens de gauche* combattaient dans les rangs du « Front Sandiniste de Libération Nationale » (FSLN), cette alliance avait en effet déjà commencé à se concrétiser, en exerçant une réelle et forte pression sur la politique des pays respectifs secoués par de fortes révoltes politiques et sociales. Nombreux étaient aussi les chrétiens de gauche (« Mapu » et « Izquierda Cristiana) participant activement au gouvernement de *l'Unité Populaire* (« Unidad Popular ») du président Salvador Allende, au Chili, entre 1970 et 1973. Partout dans ces milieux, composés de croyants critiques et « militants », le *Principe Espérance* d'Ernst Bloch avait été lu avec beaucoup d'attention et de sympathie, notamment par les curés et croyants (politisés) des « Pastorals » de la « Théologie de la Libération » (au Brésil) où ce livre a été vite apprécié et classifié, ensemble avec le *Manifeste Communiste* et le *Capital* de Karl Marx, comme une contribution très importante à la critique du capitalisme, de l'exploitation, du colonialisme et de toutes les autres formes de domination de l'homme sur l'homme[235]. C'est d'ailleurs exactement dans cette perspective que Bloch conclut son livre *Athéisme dans le Christianisme* par la vision « optimiste-militante » et par l'appel suivant : « Si jamais il y a une vraie compréhension chrétienne pour *l'émancipation* et les *souffrances* de ceux qui sont miséreux et portent le fardeau, si jamais dans le marxisme la profondeur du royaume de la liberté demeurera le contenu substantiel de la conscience révolutionnaire, l'union de la révolution et du christianisme dans la guerre des paysans ne sera pas la dernière, et elle sera couronnée de succès. Sur l'épée de Florian Geyer, ce grand combattant dans la Guerre des Paysans, se trouvait l'inscription suivante : « Nulla crux, nulla corona ». Cela devait être aussi le slogan, le mot d'ordre d'un christianisme non aliéné, et ce qui y est réellement – et d'une manière inépuisable –

[235] A propos de l'histoire, des engagements politiques et des succès et échecs (relatifs) de la *Théologie de la Libération* en Amérique Latine, cf. l'excellente analyse de Michael Löwy, dans son livre *La Guerre des Dieux. Religion et politique en Amérique Latine,* Ed. du Félin, Paris, 1998, notamment le chapitre « La Théologie de la Libération est-elle morte ? » in *Op.cit.*, p. 177 -197.

émancipatoire, c'est ce qui nous nous fournit le mot d'ordre d'un marxisme devenu conscient de ses dimensions profondes. *Vivant sequentes :* le marxisme et le *rêve de l'absolu* sont désormais unis dans le même plan de campagne (« im gleichen Gang und Feldzugsplan). L'homme non plus aliéné et les rêves non encore découverts d'un monde possible sont maintenant tous deux présents dans l'expérimentation du « futur » et dans l'expérimentation appelé le monde[236] ».

Cette affirmation solennelle a aussi en même temps le caractère d'une annonce éditoriale importante; car c'est dans son dernier et ultime livre *Expérimentum Mundi»*, publié en 1975, à l'âge de 90 ans, que le philosophe de Tübingen a encore voulu expliciter, deux ans avant sa mort, cette *philosophie eschatologique de la praxis*, du salut, de la *rédemption* et de *l'utopie concrète* en tant qu'intervention engagée utopico-concrète permanente dans le processus dialectique du monde, d'un monde compris comme « expérimentation », précisément, grâce à une redéfinition «utopico-concrète » des catégories philosophiques[237].

Comme le souligne Nicolas Lezard, dans son article du « Guardian » (Londres) (2009), « tout cela est, en bref, une philosophie biblique, ou bien, une théodicée, qui pourrait être définie comme une tentative de justification du cheminement de Dieu vers l'Homme. (….) C'est (quand même) une tâche extrêmement dure. »

---

[236] Ernst Bloch, *Athéisme dans le christianisme*, tr. fr. G. Raulet, Gallimard, 1978, p. 353-354.

[237] Cf. Ernst Bloch, *Expérimentum Mundi. (Question, catégories de l'élaboration, praxis)*, trad. de l'allemand par G.Raulet, Payot, Paris, 1981.

BIBLIOGRAPHIE

Armogathe, Jean-Robert et Hilaire, Yves-Marie (sous la direction), *Histoire générale du christianisme du XVIe siècle à nos jours*, 2 vol., PUF, Paris, 2010.

Barth, Karl, *Dogmatique* (en plusieurs volumes), Paris, 1951 sq.

Bloch, Ernst, *L'Esprit de l'Utopie (1923),* trad. A.-M. Lang et C. Audard, Gallimard, Paris, 1977.

Bloch, Ernst, *Thomas Münzer – théologien de la révolution*, trad. Maurice de Gandillac, Juillard, 1964, U.G.E., Paris, 1968.

Bloch, Ernst, *Traces*, trad. P. Quillet et K. Hildenbrandt, Paris, Gallimard, 1968.

Bloch, Ernst, *Le Principe Espérance*, t. II – III, trad. de l'allemand par F.Wuilmart, Gallimard, Paris, 1976, 1982, 1990.

Bloch, Ernst, *Athéisme dans le christianisme*, trad. Eliane Kaufholz et G. Raulet, Gallimard, Paris, 1978.

Bloch, Ernst, *Expérimentum Mundi,* trad. G. Raulet, Payot, Paris, 1981.

Bloch, Ernst, *Briefe (Correspondance)*(1903-1975), 2 vol., éd. par Karola Bloch et alii, Suhrkamp, Francfort, 1985.

Bloch, Ernst, *Du rêve à l'utopie. Entretiens philosophiques.* Textes choisis et préfacés par Arno Münster, Hermann, coll. « Panim el Panim », Paris, 2016.

Bloch, Ernst, *Rêve diurne, station debout & utopie concrète.(Ernst Bloch en dialogue),* Entretiens avec José Marchand (1974), traduits, présentés et annotés par Arno Münster, Lignes, Fécamp, 2016.

Boff, Leonardo, *Eglise en genèse. Les communautés de base*, Desclees & Brouwer, Paris, 1978.

Boff, Leonardo, *Igreja, Carisma e Poder*, Rio de Janeiro, Vozes, 1979.

Bourel, Dominique, *Martin Buber....Sentinelle de l'humanité*, Albin Michel, Paris, 2015.

Buber, Martin, *Je et Tu*, trad. G. Bianquis, préface de Gaston Bachelard, Aubier, Paris, 1938.

Buber, Martin, *Utopie et socialisme*, trad. Paul Corset, Aubier-Montaigne, Paris, 1965.

Bultmann, Rudolf, *Exegetica*, Mohr, Tübingen, 1967.

Debray, Régis, *Le feu sacré (Fonctions du religieux)*, Fayard, Paris, 2003.

Durkheim, Emile, *Les formes élémentaires de la vie religieuse*, Paris, 1912.

Dussel, Enrique, *Teologia de la Liberacion. Un panaorama de su desarollo*, Mexico, Potrerillos Editores, 1995.

Feuerbach, Ludwig, *L'essence du christianisme* (1842), trad. J.-P. Osier, F. Maspéro, Paris, 1968.

Gauchet, Marcel, *A l'épreuve des totalitarismes (194-1974).L'avènement de la démocratie*, III, Gallimard, Paris, 2010.

Gutierrez, Gustavo, *La force historique des pauvres,* Le Cerf, Paris, 1986.

Habermas, Jürgen, *Entre naturalisme et religion. (Les défis de la démocratie)*, trad. de l'allemand par C. Bouchindhomme et Alexande Dupeyrix, Gallimard, Paris, 2008.

Jaurès, Jean, *La question religieuse et le socialisme [1891]*, présentation de Michel Launay, Editions de Minuit, Paris, 1959.

Kaiser, Kurt, *Materialien über den Religiösen Sozialismus in Deutschland aus der Zeit von 1918-1933*.(Thèse, Université de Bâle)

Kant, Emmanuel, *La religion dans les simples limites de la pure raison,* trad. J. Gibelin, Vrin, Paris, 1967.

Kautsky, Karl, *Der deutsche Bauernkrieg (La guerre des paysans allemands*), in *Vorläufer des neueren Sozialismus*, vol. II, Stuttgart, 1920.
Löwy, Michael, *La Guerre des Dieux. Religion et politique en Amerique Latine,* Editions du Félin, Paris, 1998.
Marx, Karl, *Critique de la philosophie hégélienne du droit (Introduction)*(1843-1844), Ed. Sociales, Paris, 1960.
Moltmann, Jürgen, *Ernst Bloch : Messianismus und Marxismus. Einführende Bemerkungen zum "Prinzip Hoffung",* in "Kirche in der Zeit" Nr. 8, 1960.
Moltmann, Jürgen, *Im Gespräch mit Ernst Bloch. Eine theologische Wegbereitung,* Chr. Kaiser-Verlag, Munich, 1976.
Moltmann, Jürgen, *Gespräch (mit Ernst Bloch) über die Kategorie "Novum* (1965), in: (sous la direction de) Arno Münster, *Tagträume vom aufrechten Gang. Sechs Interviews mit Ernst Bloch*, Suhrkamp, Francfort, 1977, pp. 154 -161.
Münster, Arno, « Le mesianisme juif dans l'œuvre de jeunesse d'Ernst Bloch », in (du même auteur), *Figures de l'utopie dans la pensée d'Ernst Bloch,* Aubier, Paris, 1985; réédition, avec une nouvelle préface, Hermann, Paris, 2009, p. 93-110.
Münster, Arno, *Ernst Bloch : Messianisme et Utopie,* PUF, coll. « philosophie d'aujourd'hui », Paris, 1989.
Münster, Arno, *L'utopie concrète d'Ernst Bloch. Une biographie*, Kimé, Paris, 2001 (trad. en allemand et en italien).
Münster, Arno, *Espérance, rêve, utopie dans la pensée d'Ernst Bloch,* L'Harmattan, coll. « Ouverture philosophique », Paris, 2015.
Mün(t)zer, Thomas, *Fürstenpredigt* (1524), *Ausgedrückte Entblössung des falschen Glaubens der ungetreuen Welt*

(1524), in T.M., Kritische Gesamtausgabe (Œuvres Complètes), éd. G. Franz, P. Kirn, 1968.
Nietzsche, Friedrich, *Le gai savoir*, aphor. 125, trad. Pierre Klossowski, Gallimard, Paris, 1982, p. 149-150.
Ouaknine, Marc-Alain, *Le Livre brûlé. Lire le Talmud*, Lieu commun, Paris, 1986.
Pape Léon XIII, *Encyclique « De rerum novarum »*, Rome, 1891.
Pena-Ruiz, Henri, *Dictionnaire amoureux de la Laïcité,* Plon, Paris, 2014.
Ragaz, Leonhard, *Mein Weg*, Zurich, Diana Verlag, 1952.
Ratschow, Carl Heinz, *Atheismus im Christentum? Eine Auseinandersetzung mit Ernst Bloch*, G. Mohn, Gütersloh, 1972.
Richard, Jean, *« Introduction au Tillich socialiste »*, in Paul Tillich, *Christianisme et socialisme.(Ecrits socialistes allemands)(*1919-1931), Le Cerf, Labor et Fides, Presses de l'Univerité de Laval, Paris, 1992, p. IX-XC.
Spinoza, Baruch, *Œuvres 2 : Traité Théologico-Politique,* traduction, notice et notes par Ch. Appuhn, Garnier-Flammarion, Paris, 1965.
Spinoza, Baruch, Œuvres 3 : *Ethique démontrée suivant l'ordre géométrique et divisée en cinq parties,* traduction et notes par Charles Appuhn, Garnier-Flammarion, Paris, 1965.
Tillich, Paul, *Masse und Geist (Masse et Esprit. Etudes de philosophie de la masse),* Berlin, 1922.
Tillich, Paul, "Kairos", Berlin, 1922.
Tillich, Paul, *Grundprinzipien des religiösen Sozialismus (Les principes fondamentaux du socialisme religieux),* Berlin, 1923.
Tillich, Paul, *The Protestant Era* (1948), The University of Chicaco Press, Chicaco,1957.

Tillich, Paul, *Gesammelte Werke, I- XIII,* Evangelisches *Verlagswerk, Stuttgart, 1959-1972.*

Tillich,Paul,*Christianisme et socialisme.(Ecrits socialistes allemands)(*1919-1931)), Le Cerf, Labor & Fides, Presses de l'Université Laval, Paris,1992.

Tosel, André, *Spinoza ou le crépuscule de la servitude*, Aubier, Paris, 1984.

Tosel, André, *Du retour du religieux. Scénarios de la mondialisation culturelle,* I, Kimé, Paris, 2011.

Trojman Aïm, Patricia, *Les sources hébraïques de la joie et de la persévérance dans l'être chez Spinoza*, (Thèse soutenue à l'Université de Nice Sophia Antipolis, sous la direction de Jean-Paul Larthomas), Atelier National de Reproduction des Thèses, Lille, 1998.

XXXI. NOTICE SUR L'AUTEUR

Arno Münster (né en 1942), philosophe franco-allemand et maître de conférences honoraire de philosophie à l'Université de Picardie Jules Verne d'Amiens, est l'auteur de très nombreux ouvrages dont une biographie du philosophe Ernst Bloch (*L'utopie concrète d'Ernst Bloch - une biographie* , Kimé, Paris, 2001)(trad. en allemand et en italien) et de plusieurs ouvrages sur Jean-Paul Sartre (dont *Sartre et la praxis* , L'Harmattan, 2005 (rééd. chez Delga, Paris, 2017) et *Sartre et la morale* (L'Harmattan, 2007). Il a aussi consacré plusieurs ouvrages à *l'Ecole de Francfort* (W. Benjamin, T.W. Adorno, J.Habermas...). Comme disciple d'Ernst Bloch, il avait assisté, personnellement, dans les années 1963-1965, aux cours de philosophie de la religion professés par l'auteur du *Principe espérance*, à l'université de Tübingen, et notamment aux cours magistraux dans lesquels Bloch avait explicité et présenté ses thèses concernant « l'athéisme dans le christianisme ». Le souvenir de cet « évènement » a incontestablement influencé la rédaction de cet essai. Le présent essai est son *trentième essai philosophico-politique*.

TABLE DE MATIERES

L'Harmattan Italia
Via Degli Artisti 15; 10124 Torino
harmattan.italia@gmail.com

L'Harmattan Hongrie
Könyvesbolt ; Kossuth L. u. 14-16
1053 Budapest

L'Harmattan Kinshasa
185, avenue Nyangwe
Commune de Lingwala
Kinshasa, R.D. Congo
(00243) 998697603 ou (00243) 999229662

L'Harmattan Congo
67, av. E. P. Lumumba
Bât. – Congo Pharmacie (Bib. Nat.)
BP2874 Brazzaville
harmattan.congo@yahoo.fr

L'Harmattan Guinée
Almamya Rue KA 028, en face
du restaurant Le Cèdre
OKB agency BP 3470 Conakry
(00224) 657 20 85 08 / 664 28 91 96
harmattanguinee@yahoo.fr

L'Harmattan Mali
Rue 73, Porte 536, Niamakoro,
Cité Unicef, Bamako
Tél. 00 (223) 20205724 / +(223) 76378082
poudiougopaul@yahoo.fr
pp.harmattan@gmail.com

L'Harmattan Cameroun
TSINGA/FECAFOOT
BP 11486 Yaoundé
699198028/675441949
harmattancam@yahoo.com

L'Harmattan Côte d'Ivoire
Résidence Karl / cité des arts
Abidjan-Cocody 03 BP 1588 Abidjan 03
(00225) 05 77 87 31
etien_nda@yahoo.fr

L'Harmattan Burkina
Penou Achille Some
Ouagadougou
(+226) 70 26 88 27

L'Harmattan Sénégal
10 VDN en face Mermoz, après le pont de Fann
BP 45034 Dakar Fann
33 825 98 58 / 33 860 9858
senharmattan@gmail.com / senlibraire@gmail.com
www.harmattansenegal.com